Dieter Untergasser

Gesunde Diskus und Großcichliden

Band II

Dieter Untergasser

Gesunde Diskus und Großcichliden

Band II

Druck: Druckhaus Oberpfalz, Wernher-von-Braun-Str. 1, 92224 Amberg, Gestaltung: Fritz Matzulla, Amberg
ISBN 3-927997-01-3
Für Schäden, die durch Nachahmung entstehen, können Verlag und Autor nicht haftbar gemacht werden.
Fotonachweis: Archiv Dieter Untergasser, Archiv bede-Verlag, Archiv T.F.H.-Verlag, USA .
Wir danken allen Fotografen, die durch ihre Fotos zum Gelingen dieses Buches beigetragen haben.

Inhaltsverzeichnis

Allgemeine Anleitung zur Verhütung und Bekämpfung von Krankheiten

Vorbeugende Maßnahmen

Nachdem in den Kapiteln des ersten Bandes die Gesunderhaltung und richtige Pflege von Diskusfischen beschrieben wurde, soll hier nun näher auf die direkten Verhütungsmaßnahmen und die Durchführung einer Therapie im Krankheitsfalle eingegangen werden. Das Verhüten von Krankheiten beginnt schon beim Kauf der Fische. Wenn man Diskusfische kaufen will, so sollte man grundsätzlich darauf achten, daß die Tiere kräftig und nicht am Rücken eingefallen sind, so wie dies im Extremfall auf den Bildern Nr. 55 und Nr. 58 zu sehen ist. Die Erfahrung hat gezeigt, daß magere und eingefallene Tiere meist von verschiedenen Parasiten befallen sind. Auch wenn die Krankheitserreger erfolgreich behandelt werden, führt dies nur kurzzeitig zur Erholung der Fische. Sie bleiben zeitlebens sehr empfindlich gegenüber Krankheitserregern und bakteriellen Infektionen, so daß sie die ersten sind, die später wieder befallen werden und dann mitunter die Ursache einer Krankheitsausbreitung sein können. Fische, deren Kauf man in Erwägung zieht, sollte man in dem Ausstellungsbecken sehr genau beobachten, und zwar nicht nur einige Minuten, sondern möglichst länger. Erwachsene Tiere müssen ruhig und gut gefärbt herumschwimmen und ihre Flossen aufstellen. Ihre senkrechte Streifung zeigen sie nur, wenn sie aufgeregt sind oder untereinander rangeln. Wenn erwachsene Tiere dunkel gefärbt sind und die Flossen klemmen, so ist dies ein Zeichen, daß sie sich äußerst unwohl fühlen. Möglicherweise sind sie auch schon von Krankheiten infiziert. Wenn sie gar mager in der Rükkenpartie sind, also einen sogenannten Messerrükken zeigen (Bild Nr. 55), dann kann man davon ausgehen, daß sie über längere Zeit aufgrund von Streßeinwirkung zu wenig Nahrung aufgenommen haben oder wegen eines Parasitenbefalls die aufgenommene Nahrung nicht verwerten konnten. Am Kopfbereich dürfen keine Löcher sein (siehe Bild Nr. 39, Band I). Der Kot der Diskusfische muß dunkel gefärbt und von fester Konsistenz sein. Er löst sich in der Regel in Stücken, die kleiner als 3 cm lang sind, vom After.

Bild Nr. 55: Abgemagerte Diskusfische mit Messerrücken.

Wenn Diskusfische einen langen, weißen, schleimigen Kotfaden hinter sich herziehen, so leiden sie unter einer Infektion des Darmes, und man sollte sie nicht kaufen (Bild Nr. 56). Besonders ist darauf zu achten, daß die Fische keine weißen, schleimigen Hautpartien und -beläge haben. Behauptet der Verkäufer, dunkel gefärbte Diskusfische seien noch nicht an das Wasser im Verkaufsbecken gewöhnt oder seien noch vom Umsetzen erschreckt, so kann man sich freundlich verabschieden und zwei Tage später wieder kommen.

Bild Nr. 56: Weißer, schleimiger Kot läßt auf eine Infektion des Darmes schließen.

Jungtiere schwimmen munter im Schwarm im Bekken herum, ihre Körperfarbe ist hell und die senkrechten Streifen treten oft etwas dunkler hervor. Sind Jungtiere ständig schwarz gefärbt, so ist dies, wie bei ausgewachsenen Tieren, ein Anzeichen, daß sie sich sehr unwohl fühlen. Aber selbst bei jungen Diskusfischen können schon Messerrücken und Abmagerungserscheinungen auftreten (Siehe Bild Nr. 55). Wenn die Flossen an manchen Stellen eingeschmolzen sind (Bild Nr. 57), so ist das ein deutliches Zeichen für Befall des Darmes durch Flagellaten oder einen Mineralstoffmangel. Besonders ist auf die Größe der Augen zu achten. Sind diese im Verhältnis zur Körpergröße zu groß, so sind die Fische schlecht gewachsen (Bild Nr. 58). Möglicherweise hatten sie zu wenig Futter bekommen, oder sie sind aufgrund Parasitenbefalls im Wachstum zurückgeblieben. Bei Diskusfischen wachsen nämlich die Augen normal weiter, wenn das Körperwachstum stagniert. Umgekehrt kann es auch vorkommen, daß bei Fischen, die

Bild Nr. 57: Flosseneinschmelzungen treten häufig bei einem extrem starken Flagellatenbefall des Darmes auf.

Bild Nr. 58: Zu große Augen findet man bei Fischen, die schlecht wachsen.

besonders gut im Futter standen, die Augen etwas zu klein geraten sind. Das macht nichts aus und verwächst sich mit der Zeit. Im Gegenteil ist das ein Zeichen, daß die Tiere besonders schnell gewachsen und gut genährt sind. Dies ist ein gutes Merkmal, denn schnell wachsen können Diskusfische nur, wenn sie unter den besten Bedingungen gehalten werden, also ständig frisches Wasser haben, sich immer satt fressen können und frei von Parasiten sind.

Manchmal werden Diskusfische angeboten, die trotz einer Größe von 2 - 3 cm schon stark blau gefärbt sind. Hier liegt der Verdacht nahe, daß die Fische ihre Farbe aufgrund hoher Hormongaben entwickelt haben. Solche Tiere sind geschädigt und entwickeln sich nicht normal. Es gibt früh und spät färbende Diskusfische und es ist völlig normal, wenn 5 cm große Diskusfische keine Farbe zeigen. Oft holen sie das später nach.

Ballen sich die Tiere dunkel gefärbt und verschreckt in der hinteren Ecke des Aquariums zusammen, so fühlen sie sich extrem unwohl, was meistens am Wasser liegt, aber auch auf eine beginnende Krankheit hindeuten kann. Aus diesen Gründen sollte man niemals Diskusfische überstürzt kaufen, sondern sich Zeit nehmen und sie beobachten, notfalls am nächsten oder übernächsten Tag noch einmal hingehen und wiederum beobachten. Man soll sich auch zeigen lassen, wie die Tiere Futter aufnehmen. Fische, die das Futter verweigern, sollte man nicht kaufen. Erst wenn man gesehen hat, daß die Fische ihre Nahrung zügig aufnehmen, kann man zum Kauf schreiten.

Hat man dann endlich den Entschluß gefaßt und eine erkleckliche Summe gezahlt, möchte man natürlich die neue Pracht in seinem schönsten Aquarium oder der Zuchtanlage schwimmen sehen. Doch halt! Nichts überstürzen! Der größte Fehler wäre jetzt, die neuen Fische mit anderen, gesunden Fischen in Kontakt zu bringen, und sei es nur über den Wasserkreislauf einer Zentralfilteranlage.

Um neu gekaufte Fische gefahrlos in eine Zuchtanlage integrieren zu können, ist es unerläßlich, mindestens ein Quarantänebecken zu unterhalten. Dieses sollte einen gewissen Abstand zu den anderen Aquarien haben, damit keine Wasserspritzer übertragen werden können. Geräte, Einrichtungsgegenstände und Gebrauchsartikel des Quarantänebeckens, wie Fangnetze usw. dürfen nur in diesem benutzt werden und nicht ebenfalls in der Zuchtanlage, ohne sie gründlich desinfiziert zu haben.

Gerade Züchtern passiert es immer wieder, daß sie völlig überraschend Fische mit nach Hause bringen, die sie unterwegs irgendwo gesehen und sofort gekauft haben. Steht dann kein Quarantänebecken fix und fertig bereit, werden die Fische zu den anderen gesetzt. Der Überraschungskauf ist perfekt, wenn dann einige Tage später ein Teil oder alle Fische erkrankt sind. Es ist schon erstaunlich, daß manche Züchter Anlagen im Wert von mehreren zehntausend Mark unterhalten, aber nicht bereit sind, ein der Größe der Anlage angepaßtes, separates Aquarium zur Quarantäne zu unterhalten. Das ist dann kein kostenbewußtes Denken, sondern reiner Geiz oder Leichtsinn.

Ein Quarantänebecken ist ein einfaches Aquarium, das der Körpergröße der zu pflegenden Fische angepaßt ist, denn sie müssen schließlich einige Wochen darin leben und schwimmen können. Es darf auf keinen Fall so klein sein, daß die Fische sich nicht drehen können und nach jedem Flossenschlag gleich an die Wand stoßen. Hier gelten die Richtlinien von Kapitel 1 (Band I) uneingeschränkt. Eine Einrichtung ist nicht unbedingt erforderlich. Manche Fische fühlen sich zwar wohler, wenn sie nicht in einem kahlen Becken schwimmen, aber da Diskusfische mitunter auch in den Zuchtanlagen ohne Dekoration leben, kann darauf verzichtet werden. Außerdem kann man die Fische so besser beobachten und Kotproben entnehmen. Des weiteren benötigt man eine regelbare Heizung, eine gute Belüftung des Wassers und einen Filter, der kurzfristig mit unterschiedlichen Filtersubstraten gefüllt werden kann. Dieser soll so stark sein, daß er pro Stunde das doppelte Beckenvolumen durchfiltert. Er wird normalerweise mit Filterwatte betrieben, die man nach eventuell notwendigen Behandlungen mit Medikamenten gegen Filterkohle austauscht. Die Filterkohle dient dazu, die Medikamente aus dem Wasser zu entfernen. Danach filtert man wieder über Watte. Das Aquarium sollte immer mit Wasser gefüllt sein und der Filter laufen, damit er von Bakterien besiedelt ist, wenn das Becken gebraucht wird. Die Heizung muß nicht immer angeschlossen sein, man nimmt sie erst einige Stunden vor dem Einsetzen der Fische in Betrieb. Verdunstetes Wasser wird durch Wasser aus einem mit Fischen besetzten Aquarium ersetzt. Wenn das Quarantänebecken längere Zeit ohne Fische war, sind vor dem Neubesatz zumindest der pH- und Nitritwert zu kontrollieren. Die Wasserwerte können sich im Laufe der Zeit drastisch verändert haben.

Während der Quarantänezeit sind Diskusfische bei einer Temperatur von 29 bis 30 °C zu halten. Es ist möglich, daß die Temperatur bei Krankheitsbehandlungen geändert werden muß. Danach ist sie wieder auf 29 °C einzugregeln. Eine gesunde und abwechslungsreiche Ernährung ist obligatorisch.

Grundsätzlich müssen alle neu gekauften Fische, also nicht nur Diskusfische, zuerst mindestens sechs Wochen in Quarantäne gehalten werden. Während der ganzen Quarantänezeit sollen die Tiere mehrmals täglich eine gewisse Zeit beobachtet werden. Man muß den Fischen beste Lebensbedingungen bieten. Wildfänge sind mindestens sechs bis acht Wochen in Quarantäne zu halten. Wenn die Fische von irgendwelchen Krankheiten befallen sind, so ist anzunehmen, daß diese während der Quarantänezeit ausbrechen und erkannt werden können. Auch sollte man öfter einmal die Wasserwerte überprüfen, indem man den pH- und Nitritwert mißt. Zeigen die Fische während der ganzen Quarantänezeit kein auffälliges Verhalten, stehen schön gefärbt im Becken, nehmen zügig und mit Appetit ihr Futter auf, sind nicht scheu oder schreckhaft und geben dunklen, festen Kot ab, dann steht nichts mehr im Wege, sie in

Die gemeinsame Hälterung von Skalaren und Diskusfischen ist nicht unproblematisch, da eine Übertragung von Parasiten möglich ist. Auf jeden Fall ist eine vorgerige Quarantänebehandlung der Fische notwendig.

das Schaubecken oder in die Zuchtanlage zu übersiedeln.

Es gibt eine Möglichkeit, festzustellen, ob neu gekaufte Fische einen Erreger mitbringen, gegen den sie selbst immun sind, der aber den Fischen in der Anlage gefährlich werden kann. Man setzt einen oder mehrere Jungfische aus der Zuchtanlage zu den neuen Fischen in das Quarantänebecken. Spätestens nach drei Wochen haben sich, falls vorhanden, mitgebrachte Erreger auf die zugesetzten Fische übertragen. Zeigen diese innerhalb der gesamten Quarantänezeit keine Veränderung, so sind auch die neuen Fische unbedenklich. Es ist sinnvoll, zu diesem Zweck verkrüppelte aber ansonsten gesunde Fische zu nehmen. Sie können dann seziert und gründlich untersucht werden, und man weiß genau, welchen Erreger die neuen Fische mitgebracht haben. Voraussetzung dafür ist natürlich, daß man den Gesundheitszustand seiner Fische genau kennt.

Ist man sich jedoch nicht sicher, daß die Quarantänefische gesund sind, oder zeigt sich eine Krankheit, die man nicht genau bestimmen kann, dann ist es sinnvoll, sie vorbeugend zu behandeln. Eine vorbeugende Behandlung durchzuführen, hat auch dann seine Berechtigung, wenn neu gekaufte Fische im Quarantänebecken schwimmen und man nicht die Möglichkeit hat, festzustellen, ob und welche Erreger sie beherbergen. In der Regel kommt man bei Diskusfischen mit sehr wenigen Medikamenten aus, die, gezielt eingesetzt, zur Behandlung der meisten Krankheiten völlig ausreichen. Aber auch dann müssen die Behandlungen genauso konsequent und exakt dosiert durchgeführt werden, als ob die Fische erkrankt seien. Nur so kann man einen Erfolg erwarten. Die Anleitung zur Durchführung einer vorbeugenden Behandlung befindet sich am Ende dieses Kapitels. Ist während der Quarantänezeit eine Krankheit ausgebrochen, so wird diese, nach genauer Diagnose, entsprechend den Anweisungen der folgenden Kapitel, gezielt behandelt. Das Quarantänebecken und alle dazu gehörenden Geräte und Gebrauchsartikel sind nur dann gründlich zu desinfizieren, wenn die Quarantänefische eine unheilbare Krankheit mitgebracht haben.

Bisher wurde nur von Fischen gesprochen und die Pflanzen völlig außer acht gelassen. In Wahrheit ist es jedoch leicht möglich, eine Krankheit über neu gekaufte Pflanzen in ein Aquarium einzuschleppen, wenn diese in der Verkaufsanlage mit Fischen vergesellschaftet waren. Manche Erreger können eine ganze Weile ohne Fische auskommen und so mit Pflanzen übertragen werden. Möchte man dies ver-

Diskusfische sollen eine schöne runde Diskuform haben. Gerade bei Nachzuchtfischen kann sich die typische Diskusform langsam verlieren. Gesunde Wildfänge sind immer fast kreisrund.

hindern, so können auch die Pflanzen einer Quarantäne unterzogen werden. Sie dürfen dabei nicht mit Fischen vergesellschaftet sein. Da manche Parasiten bis zu 8 Tage ohne Fisch auskommen können, ist es sinnvoll, die Pflanzenquarantäne auf zwei Wochen auszudehnen. Die meisten Erreger überleben diese Isolierung nicht. Eine weitere Sicherheit bietet, die Pflanzen vor und nach der Quarantäne unter temperiertem, fließendem Wasser gründlich abzuspülen. Als letzte Sicherheit können sie dann vor dem Einbringen in das Aquarium noch mit Alaun desinfiziert werden. Dazu gibt man einen gehäuften Teelöffel Alaun [Kaliumaluminiumsulfat, $KAl(SO_4)_2 \cdot 12H_2O$] auf einen Liter Wasser und badet die Pflanzen 5 Minuten in der Lösung. Danach müssen sie gründlich abgespült werden. Die Behandlung wirkt auch gegen Schnecken.

Der Pflanzenquarantäne und -desinfektion kann man aus dem Wege gehen, wenn man Pflanzen nur aus Becken kauft, in denen sie nicht mit Fischen zusammen gehalten wurden, die zum Verkauf standen. Diese können dann zu Hause direkt in das Aquarium eingepflanzt werden. Selbst wenn in solchen Pflanzenverkaufsbecken einige Fische schwimmen, die der Sauberhaltung des Aquariums dienen, ist die Wahrscheinlichkeit der Übertragung einer Krankheit äußerst gering.

Wie mit Schläuchen und Fangenetzen, muß auch bei der Handhabung von Meßgeräten auf Hygiene geachtet werden. Wie oft mißt man mit Leitwert- und pH-Meßgeräten nacheinander in verschiedenen Becken. Die Übertragung von Erregern von Becken zu Becken ist dabei nicht auszuschließen. Auch bei der Anwendung von Flüssigindikatoren ist durch das Schöpfen von Wasser mit den Küvetten die Gefahr der Übertragung gegeben. Besser ist, das zu messende Wasser mit einem nach jedem Gebrauch zu sterilisierenden Glasgefäß zu entnehmen und daraus in

die Meßküvetten zu gießen oder mit den Meßgeräten darin zu messen.

Zehn Regeln für vorbeugende Maßnahmen

1. Fische vor dem Kauf genau beobachten. Keine Fische kaufen, die dunkel gefärbt, abgemagert und schreckhaft sind, Flosseneinschmelzungen oder Löcher im Kopfbereich haben oder einen langen, weißen Kotfaden hinter sich herziehen.
2. Neuzugänge mindestens sechs Wochen, Wildfänge mindestens sechs bis acht Wochen in Quarantäne halten.
3. Kein Wasser vom Quarantänebecken in Zuchtanlage oder Hälterungsbecken übertragen.
4. Keine Fangnetze oder Geräte vom Quarantänebecken in der Zuchtanlage benutzen, ohne sie gründlich desinfiziert zu haben. Hände und Arme nach dem Hantieren im Quarantänebecken gründlich waschen oder desinfizieren.
5. Abwechslungsreich mit ballaststoffreichem Futter füttern.
6. Den Fischen beste Lebensbedingungen bieten.

7. Sich die Zeit nehmen, die Fische regelmäßig zu beobachten.
8. Keine Pflanzen in das Aquarium einbringen, die aus einem Fischhälterungsbecken stammen.
9. Die Fische erst in die Zuchtanlage oder das Schauaquarium übersiedeln, wenn man absolut sicher ist, daß sie gesund sind.
10. Wenn Fische mit einer unheilbaren Krankheit im Quarantänebecken waren, das Becken gründlich desinfizieren.

Vorgehen bei der Diagnosestellung

Trotz aller Vorsichtsmaßnahmen kann es nun doch einmal vorkommen, daß die Fische erkranken. Sei es durch eine Unachtsamkeit des Pflegers, oder daß eine Krankheit ausbricht, die schon lange latent im Becken vorhanden war. Von „latent" spricht man, wenn Krankheitserreger an den Fischen in geringerer Zahl vorhanden sind und sich nicht vermehren können, solange die Fische kräftig sind und genügend Abwehrkräfte haben. Es hat sich dann ein Gleichgewicht zwischen dem Wirt und den Krankheitserregern eingestellt. Äußere Einflüsse, wie falsche Wasserwerte, schlechte Hälterung oder Giftstoffe im Wasser, können dieses Gleichgewicht wieder zerstören, wenn sie die Abwehrkraft der Fische schwächen. Daraufhin vermehren sich die Erreger, und die Krankheit bricht aus.

Eine beginnende Krankheit kann jedoch nur derjenige feststellen, der seine Pfleglinge im gesunden Zustand ganau kennt. Darum ist es wichtig, jeden Tag eine gewisse Zeit vor dem Aquarium zuzubringen und seine Fische zu beobachten. Allein dabei handelt es sich schon um eine wichtige vorbeugende Maßnahme. Weiterhin ist es notwendig, dieses Buch vollständig gelesen zu haben, um eine Diagnose stellen zu können, denn die charakteristischen Krankheitsbilder werden erst in den Kapiteln 5 und 6 beschrieben.

Das Observieren von Fischen

Möchte man das Wohlbefinden seiner Fische beurteilen können, so ist außer der Kenntnis über das Verhalten auch das Wissen notwendig, worauf man beim Beobachten achten muß.

Jede Krankheit beginnt mit einer Änderung des Verhaltens oder der Färbung der Fische. Das ist bei Diskusfischen besonders gut zu beobachten, weil diese jedes Unwohlsein und jeden Stimmungsumschwung direkt durch Hervortreten der senkrechten Streifen oder durch flächiges Dunkelfärben anzeigen. Darum werden die senkrechten Streifen auch „Stimmungsbalken" genannt (siehe Bild Nr. 49 und Nr. 50). Die große Gefahr ist dabei, daß man diese Stimmungslagen überbewertet und die Fische unnötigerweise mit Medikamenten belastet.

Bedenklich ist das Dunkelfärben dann, wenn es längere Zeit anhält, und der Fisch auch zwischendurch keine Aufhellung zeigt. Färbt sich ein Fisch zeitweilig dunkel und zeigt dann wieder seine Farben, sollte man die äußeren Umstände des Aquariums überprüfen. Vielleicht werden die Tiere öfter durch schnelle Bewegungen vor dem Aquarium gestört? Oder wird ein Fisch von den anderen unterdrückt? Funktioniert der Filter, wie es sein soll, oder können Giftstoffe in geringen Mengen in das Wasser gelangt sein? Ist der pH-Wert in bedenkliche Bereiche abgesunken? Auch in Futtertieren enthaltene Giftstoffe und Schwermetalle können zu wechselhaftem Unwohlsein der Fische führen. Ein Diskusfisch, der sich sehr unwohl fühlt, ist permanent dunkel bis nahezu völlig schwarz gefärbt. Sind alle Fische betroffen und hält diese Färbung länger als einen Tag an, ist es ratsam, zunächst einmal die Wasserwerte zu prüfen. Auch Giftstoffe, die von außen oder durch Einrichtungsgegenstände ins Wasser gelangen, können die Ursache sein (siehe S. 24 und 93, Band I). Sie sind jedoch vom Aquarianer mit den zur Verfügung stehenden Reagenzien meßtechnisch nicht zu erfassen.

Es ist für den Aquarianer schwierig, eine beginnende Krankheit richtig zu beurteilen, wenn er nicht regelmäßig damit konfrontiert wird. Darum beschreiben die folgenden zwei Abschnitte charakteristische Krankheitsbilder und wie bei einer vorbeugenden Untersuchung vorzugehen ist. Die Anleitung dazu finden Sie in dem übernächsten Abschnitt unter „Vorbeugende Untersuchungen".

Charakteristische Krankheitsmerkmale

Die charakteristischen Krankheitsmerkmale können natürlich auch in einer Zuchtanlage auftreten, wenn Erreger latent vorhanden sind und die Lebensumstände sich verschlechtern und nicht nur wenn neue Fische unbedacht und ohne eine Quarantänezeit einzuhalten eingesetzt werden. In erster Linie ist die folgende Aufstellung dazu gedacht, die Gesundheit neu gekaufter Fische im Quarantänebecken zu beurteilen.

Farbveränderungen

Wenn sich Diskusfische hell färben, die Farben verblassen und die Haut einen metallischen Schimmer bekommt, liegt eine Vergiftung vor. Besonders treten diese Merkmale bei falscher Anwendung von Masoten und bei Verwendung von zu altem oder feuchtem Masoten in Augenschein (siehe S. 42). Die Fische sind schreckhaft und schießen wegen des geringsten Anlasses plötzlich im Becken umher.

Färben sich junge Diskusfische nach dem Füttern nur eine gewisse Zeit schwarz und bleiben im Wachstum zurück, kann eine Schwermetallvergiftung vorliegen. Prüfen Sie, ob sich Metallbleche oder Bleidrähte im Wasser befinden. Vergiftungen durch Kupfer äußern sich manchmal durch teilweise Dunkelfärbung des Körpers. Permanentes und häufiges zeitweiliges Dunkelfärben kann auch auf einen hohen Nitritwert oder starke Belastung des Wassers durch organische Abfallprodukte zurückzuführen sein.

Eine stete Dunkelfärbung mit Schleimhautablösung und Todesfällen nach einem Wasserwechsel wird durch Umweltgifte im Wasser hervorgerufen. Auch ist eine teilweise Schwarzfärbung des Körpers bei Gifteinwirkung möglich. In diesem Fall ist der vordere oder hintere Teil des Fischkörpers beidseitig flächig dunkel gefärbt, während der übrige Teil eine fast normale Farbe aufweist. In den Hautabstrichen sind dann keine Erreger zu finden. Eine Besserung kann durch umfangreiche Wasserwechsel mit Osmosewasser oder mit Wasser aus einer schadstofffreien Quelle erreicht werden.

Tiefschwarz gefärbte Körperpartien weisen auf eine Lähmung des farbsteuernden Nervs hin. Dies wurde bei Diskusfischen schon beobachtet, wenn sie heftig mit dem Kopf gegen die Wand des Aquariums gestoßen waren. Dabei nahm eine Nervenbahn schaden. Die Folge war eine einseitige Schwarzfärbung des Kopfes. Meist gibt sich die Erscheinung innerhalb weniger Wochen. Auch bei Schilddrüsengeschwülsten kann eine einseitige Schwarzfärbung als Sekundärerscheinung auftreten. Wird das Geschwulst mit Jod erfolgreich behandelt, geht auch die Schwarzfärbung mit der Zeit zurück.

Rote Flecken an der Maulgegend sind meist auf Maulkämpfe zurückzuführen, treten aber auch auf, wenn das Laichsubstrat sehr intensiv geputzt wird. Diese leichten Blutungen sind harmlos und verschwinden mit der Zeit wieder. Blutunterlaufene und deshalb kräftig rot erscheinende Flecken unter der

Dieses braune Diskuspärchen hat zwar nur wenige Junge aufgezogen, aber diese Tatsache ermöglicht auch eine optimale Versorgung der Jungfische mit Hautsekret. Kleinere Bruten können auch vom Pfleger besser kontrolliert werden.

Junge Diskusfische zeigen noch nicht die volle Farbenpracht. Immer wieder sind neue Farbnauncen zu entdecken. Selbst im Alter von einem Jahr verstärken sich noch die Körperfarben.

Haut, die manchmal nach außen aufbrechen, werden durch Bakterien der Gattung Vibrio verursacht. Die Fische können daran innerhalb weniger Tage sterben. Saugmale von Welsen und Saugschmerlen äußern sich durch kreisrunde bis elliptische, helle Flecken an der Haut. Ist die Haut so sehr verletzt, daß weißes Gewebe sichtbar wird, muß der Fisch sofort ins Quarantänebecken umgesiedelt und behandelt werden.

Verletzungen können sich die Fische auch durch Erschrecken oder wenn sie gejagt werden zufügen und sich dabei in hastiger Flucht an scharfkantigen Dekorationsstücken stoßen. Auch solche Fische müssen sofort in ein Quarantänebecken umgesiedelt und vorbeugend behandelt werden, damit sich kein Pilz an der Wunde bilden kann. Wachsen aus der Verwundung erst einmal die weißen Pilzhyphen hervor, kommt meist jede Hilfe zu spät. Die Pilze wachsen ja nicht nur nach außen, sondern auch nach innen, in das Gewebe der Fische hinein. Sie geben Giftstoffe an den Organismus des Fisches ab, die bald zum Tode führen. Äußerlich sieht man nur die weißen wattebauschartigen Pilzhyphen. Eine Behandlung mit fungizider Salbe kann manchmal noch helfen und den Pilz abtöten. Nystatin ® von Lederle mit einer Salbengrundlage aus Polyäthylen und flüssigem Paraffin hat eine gute Haftfähigkeit auf der Schleimhaut und ist für diesen Zweck geeignet. Die Anwendung ist in Kapitel 3 beschrieben.

Wie bei allen anderen Lebewesen auch ist die Haut der Fische ein Schutzmantel gegen widrige Einflüsse der Umwelt. Durch physikalische oder chemische Einflüsse und durch Infektionen von Krankheitserregern kann sie vielseitigen Veränderungen unterworfen sein, aufgrund derer man eine Diagnose stellen kann. Die häufigste Reaktion auf belastetes Wasser und den damit verbundenen erhöhten Infektionsdruck, sowie auf einen Befall mit Einzellern und Hautwürmern ist das Verdicken der Schleimhaut durch Schleimabsonderung. Die Haut erscheint dann verdickt und weist einen leichten, milchig-trüben Schleier auf (Bild Nr. 59). Die Flossen bilden weiße Ränder, die zentimeterbreit sein können und plötzlich abfallen (Bild Nr. 60). Auch bei stark vom Optimum abweichenden pH-Werten können weiße Flossensäume auftreten. Zerfällt das Gewebe nur zwischen den Flossenstrahlen und ragen diese über den zerfallenen Rand hinaus, handelt es sich um bakterielle Flossenfäule. Bilden sich winzige weiße Punkte auf der Schleimhaut, so kann dies eine Reaktion auf einen zu hohen Nitritwert sein (Bild Nr. 61). Stellenweise weiße Schleimhautverdickungen, die netzartig die Oberfläche des Fisches überziehen, sind ein sicheres Anzeichen für die Diskusseuche (Bild Nr. 62). Hautteile, welche der Fisch mit seinen Brustflossen befä-

Bild Nr. 59: Milchig-trübe Hautpartien weisen auf eine Belastung durch falsche Wasserwerte oder eine Infektion der Schleimhaut hin.

Bild Nr. 60: Nach dem Umsetzen aus extrem belastetem und stark abgekühltem Transportwasser in gutes Wasser lösten sich innerhalb weniger Stunden 1 cm breite Flossenränder ab.

cheln kann, bleiben bei dieser Krankheit von der Verdickung frei. Runde bis länglich-ovale, weiße Verdikkungen der Schleimhaut, die mitunter in einer Reihe hintereinander liegen, werden durch Chilodonellabefall verursacht (Bild Nr. 63). Bei einem Befall von Ichthyophthirius sp. sind im Anfangsstadium weiße, etwa ein Millimeter große Erhebungen in der Schleimhaut zu sehen. Im Spätstadium löst sich die Haut regelrecht in Fetzen ab (siehe Bild Nr. 83). Farblose, bis stecknadelkopfgroße Blasen in der Haut werden durch die Gasblasenkrankheit verursacht. Dunkelfärbung und blutunterlaufene offene Stellen in der Haut können durch Costia sp. verursacht werden. Löcher im Kopfbereich sind die Folge eines Mangels an Nährstoffen, der auch durch langzeitigen Befall von Darmflagellaten oder durch gestörte Resorptionsfähigkeit des Darmes hervorgerufen werden kann. Weiße oder schwarze bis stecknadelkopfgroße Einschlüsse in der Haut und den Flossen werden durch Metacercarien verursacht (siehe S. 126). Punktförmige, blutige Stichwunden verursacht die Karpfenlaus Argulus sp., wenn man sie mit Lebendfutter aus einem Fischteich einschleppt. Runde, bis einen Zentimeter große, blutige Male verursachen Fischegel. Auch sie können nur aus Fischteichen eingeschleppt werden.

Änderungen des Verhaltens

Die häufigste Verhaltensänderung, die man bei Fischen beobachten kann, ist eine Beschleunigung der Atemfrequenz. Das ist ganz normal, wenn der Fisch mit Artgenossen rangelt, Futter aufnimmt oder sich aus anderem Grund in einem Zustand starker Erregung befindet. Danach beruhigt sich die Atmung wieder. Ist die Atemfrequenz ständig erhöht, sollten zunächst Nitrit- und Sauerstoffgehalt des Wassers überprüft werden. Sind die Werte normal, liegt eine Infektion der Kiemen vor. Diese kann vielseitiger Na-

Bild Nr. 61: Kleine weiße Pickelchen bilden sich bei hohem Nitritgehalt und belastetem Wasser.

Bild Nr. 62: Netzartige Schleimhautverdickungen sind ein Zeichen für die Diskusseuche.

Bild Nr. 63: Charakteristisches Erscheinungsbild einer Infektion durch Chilodonella sind runde oder ellyptische Schleimhautverdickungen.

tur sein. Das Abspreizen eines oder beider Kiemendeckel läßt nicht den Schluß auf eine Kiemenwurminfektion zu (siehe S. 60). Als normal kann eine Atemfrequenz von etwa 60 Pumpbewegungen je Minute angesehen werden.

Werden Diskusfische apathisch, zeigen keine Reaktionen und treiben drehend und torkelnd im Wasser umher, liegt eine schwere innere Erkrankung im Endstadium vor, oder die Wassertemperatur ist stark abgefallen. Überprüfen Sie zunächst die Temperatur. Schießen Diskusfische wie wild und plötzlich ohne erkennbaren Anlaß im Aquarium umher, kann eine Erhöhung des pH-Wertes oder ein Giftstoff im Wasser die Ursache sein. Ist dieses Verhalten noch mit kräftigem Flossenzucken verbunden, befinden sich meist einzellige Parasiten im Aquarium, die der Fisch abzuschütteln versucht. Die Fische scheuern sich dann auch. Werden ständig die Flossen geklemmt, fühlt sich der Fisch sehr unwohl. Das kann auf äußerlichen oder innerlichen Parasitenbefall, eine innere Infektion oder bei unterlegenen Tieren auf Streß durch Rangkämpfe zurückzuführen sein. Bei Verschlimmerung des Zustandes, beginnen viele Fische zu schaukeln und werden apathisch. Stehen die Fische ständig mit dem Kopf nach unten oder liegen sie kraftlos am Boden, ist die Schwimmblase entzündet (siehe S. 118). Nach unvorsichtigem Umsetzen in ungewohntes Wasser oder nach Verletzungen können Diskusfische einen Schock haben, der tödlich enden kann. Sie liegen dann apathisch und schwer atmend auf der Seite am Boden, machen ab und zu kurze Schwimmbewegungen und fallen wieder herab. Man kann den Fischen helfen, wenn man sie geduldig, wenn sie sich hinlegen, mit der Hand aufrichtet und anstößt, so daß sie wieder schwimmen.

Veränderungen des Körpers

Gravierende Körperveränderungen, wie aufgetriebener Leib, Glotzaugen, innere Geschwülste und

Bild Nr. 64: Der Augendrehreflex.

äußere Geschwüre fallen auch dem unerfahrenen Aquarianer sofort ins Auge. Die Fische sind umgehend in einem Quarantänebecken zu isolieren und die weitere Entwicklung zu beobachten. Das gilt gleichermaßen bei allen anderen Körperveränderungen. Aufgetriebener Leib und Glotzaugen sind die häufigsten Sekundärerscheinungen bei Bauchwassersucht (siehe S. 89).

Wird eines oder beide Augen trübe, so ist festzustellen, ob diese Trübung äußerlich als Belag oder innen an der Augenlinse auftritt (siehe S. 82). Eine äußerliche Trübung kann auf bakteriellen Befall oder auf einen Transportschaden zurückzuführen sein.

Werden Diskusfische langsam immer magerer, bis im Extremfall ein Messerrücken auftritt, liegt oft eine Infektion des Darmes durch Flagellaten vor, die möglicherweise schon längere Zeit vorher durch anhaltenden Streß ausgelöst wurde (siehe Bild Nr. 55). Manchmal ist dabei auch der After entzündet und vorgestülpt. Häufig wird weißer, schleimiger Kot ausgeschieden (siehe Bild Nr. 56). Im Endstadium treten Einschmelzungen an den Flossen auf (siehe Bild Nr. 57). Bei Cichlidenarten mit länglicher Körperform kann bei Flagellatenbefall des Darmes mitunter auch eine Auftreibung des Leibes in der Bauchgegend beobachtet werden.

Veränderungen an den Kiemen

Für die folgenden Untersuchungen muß der Fisch aus dem Wasser genommen werden. Dazu wird schon vorher ein Tuch mit Aquarienwasser getränkt, in das man den Fisch dann einschlägt. Die Temperatur des nassen Tuches soll der des Aquariums angepaßt sein. Der Fisch darf nicht länger als drei bis vier Minuten außerhalb des Wassers bleiben. Beim Herausnehmen des Fisches kann man auch gleich den Augendrehreflex überprüfen. Dazu hält man den Fisch waagrecht und dreht ihn mehrmals um die Längsachse nach rechts und nach links. Der gesunde Fisch verdreht dabei die Augen derart, daß sie immer waagrecht schauen (Bild Nr. 64). Er versucht bei waagrechter Körperlage, die Augen senkrecht zu stellen. Bleiben die Augen starr in einer Lage, liegt eine Störung des Reflexes vor. Der Grund kann eine starke Schwächung infolge einer Krankheit, eine Erkrankung des Gleichgewichtsorgans oder des Gehirns sein. Das Ausbleiben des Augenreflexes ist eine wichtige Diagnosehilfe, wenn Fische betäubt werden sollen (Bild Nr. 65). Erst wenn er völlig fehlt und nach einer zusätzlichen Wartezeit von fünf Minuten ist die Narkose tief genug, um einen Genickschnitt durchzuführen.

Zur Untersuchung der Kiemen hebt man mit einem Fingernagel den Kiemendeckel etwas an, damit der Blick auf die Kiemenbögen frei wird. Es ist für gute Beleuchtung zu sorgen, damit die Farbe der Kiemen beurteilt werden kann. Sie ist beim gesunden Fisch kräftig blutrot (Bild Nr. 66). Liegt eine Armut an roten Blutkörperchen vor, erscheinen die Kiemen blaß. Eine Erkrankung des Blutes oder der Niere kann die Ursache sein. Eine Verschleimung der Kiemenblätter weist auf falsche chemische Wasserwerte (pH-Wert), organisch belastetes Wasser oder auf einen parasitären Befall der Kiemenblätter hin. Aber auch ein Befall durch Bakterien kann hierfür die Ursache sein. Meist tritt ein bakterieller Befall der Kiemen sekundär bei organisch belastetem Wasser auf. Klar abgegrenzte, weiße Stellen, an denen die Kiemenblätter sich auflösen und abfallen, werden von einem Befall durch Pilze hervorgerufen. Diese wachsen im Inneren des Kiemengewebes und bilden keine fadenförmigen Hyphen außerhalb der Kiemenblättchen, so daß die Diagnose nur mittels eines Mikroskopes sicher gestellt werden kann. Viele Kiemenwurmarten kann man mit dem bloßen Auge nicht an den Kiemen erkennen, dazu ist eine mikroskopische Untersuchung notwendig. Einen Befall der Kiemen durch parasitäre Krebse erkennt man an weißen, länglichen Erhebungen an den Kiemenblättern mit einer Größe von einem bis mehreren Millimetern. Ichthyiophthirius sp. sieht dagegen völlig rund aus und ist 0,5 bis 1,5 Millimeter groß. Um einen Millimeter Größe haben Sporozoen-

Bild Nr. 65: Ein fehlender Augendrehreflex zeigt den Ausfall des Gleichgewichtsorgans und damit den extrem schlechten Zustand des Fisches an oder ist Indikator für eine tiefe Betäubung.

Bild Nr. 66: Gesunde Kiemen

und Metacercarienzysten. Sie befinden sich nicht an oder auf den Kiemenblättern, sondern im Inneren derselben. Parasiten, die den Kiemenblättern anhängen, können vereinzelt durch Kiemenspülung, wie im nächsten Abschnitt beschrieben, für die mikroskopische Untersuchung gewonnen werden.

Cichlasoma citrinellum – der Zitronenbuntbarsch betreibt eine aufopfernde Brutpflege. Hier sind die kleinen Jungfische noch sehr stark an den Vater gebunden. Dieses etwa dreißig Zentimeter große Männchen trägt schon einen imposanten Stirnbuckel.

Die Arbeit mit dem Mikroskop

Die weitere Arbeit mit kranken Fischen setzt voraus, daß man mit einem Mikroskop umgehen kann. Das ist nicht schwer zu erlernen, und man kann sich die Praxis mit der entsprechenden Literatur, Videofilmen und auf Seminaren leicht selbst erarbeiten (siehe Literatur- und Bezugsquellenverzeichnis, Seite 135).

Für eine sichere Diagnose ist es wichtig, die Proben so präparieren zu können, daß alles, was sich darin befindet, gut erkennbar ist. Dazu benötigt man Objektträger und Deckgläser. Objektträger sind Glasplatten von 76 x 24 Millimetern Größe. Auf einen solchen Objektträger gibt man einen kleinen Tropfen Wasser. Da hinein wird ein nur wenige Millimeter großes Stück des zu untersuchenden Materials gelegt und mit einem Deckglas abgedeckt. Deckgläser sind in verschiedenen Größen erhältlich. Man muß sehr vorsichtig mit ihnen umgehen, da sie nur eine Dicke von 0,17 mm haben und deshalb leicht zerbrechen. Das Deckglas aufzulegen, ohne Luft in das Präparat einzuschließen, erfordert etwas Übung. Als Übungsobjekt sind Algen oder Mulmflocken aus dem Aquarium geeignet. Liegen die Objekte in einem kleinen Tropfen Wasser auf dem Objektträger, nimmt man mit Daumen und Zeigefinger oder mit einer abgewinkelten Pinzette das Deckglas auf und führt es im Winkel von 45 ° an den Wassertropfen heran, wie es Bild Nr. 67 zeigt. Dann verringert man den Winkel zwischen Deckglas und Objektträger. Im gleichen Maße wie man das Deckglas senkt, breitet sich das Wasser mit den Objekten zwischen den Gläsern aus und verdrängt die Luft, ohne daß Blasen im Präparat zurückbleiben. Wenn die Schenkel der Pinzette oder die Finger den Objektträger berühren, läßt man das Deckglas los. Nun liegt das Deckglas parallel zum Objektträger über dem Wasser mit den Objekten.

Bild Nr. 67: Auflegen eines Deckglases bei einem Präparat für die mikroskopische Betrachtung.

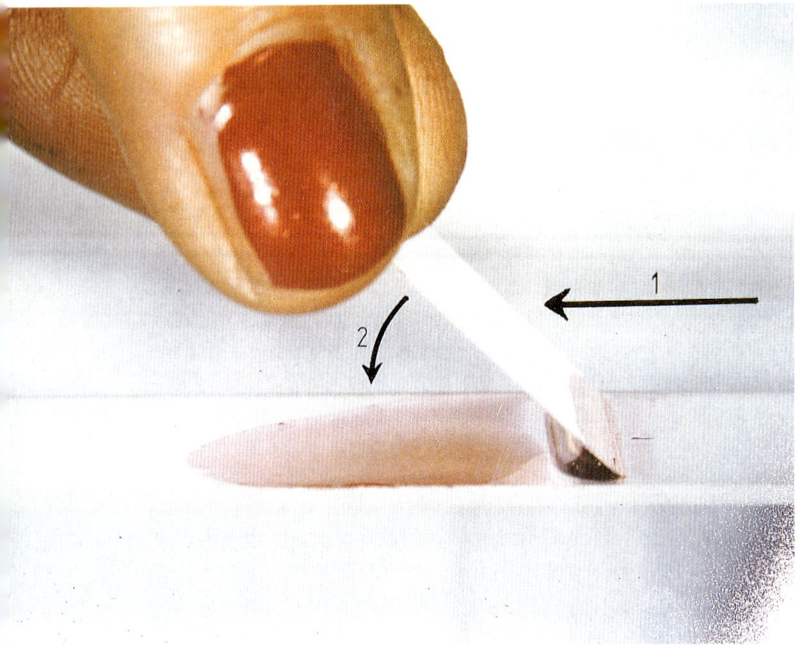

Liegt das Deckglas schief, weil das Objekt an einer Stelle dicker ist, versucht man, durch leichten Druck mit der Pinzette auf diese Stelle des Deckglases den Abstand zu verringern. Der Abstand zwischen Deckglas und Objektträger sollte nicht größer als 0,1 bis 0,2 mm sein. Überschüssiges Wasser kann mit Fließpapier am Deckglasrand abgesaugt werden. Je dünner das Präparat ist, um so besser ist die Abbildungsqualität des Mikroskopes. Das Mikroskopieren ist für viele Aquarianer nur deshalb so enttäuschend, weil sie es nicht verstehen, gute Präparate herzustellen. Die beste und teuerste Optik kann von einem schlechten Präparat keine guten Bilder liefern.

Damit die folgenden Fachausdrücke verständlich sind, ist in Bild Nr. 68 ein preiswertes, aber leistungsfähiges und erweiterbares Kursmikroskop mit Erklärung abgebildet. Bevor das Präparat auf den Objekttisch des Mikroskopes gelegt wird, ist zu prüfen, ob das Objektiv mit der schwächsten Vergrößerung eingestellt ist und ob der Abstand zwischen Objektivfrontlinse und Tisch groß genug ist, um das Präparat einzulegen. Ist das nicht der Fall, wird das durch Drehen an der Einstellschraube und am Objektivrevolver nachgeholt. Nun legt man das Präparat auf den Objekttisch des Mikroskopes und klemmt es mit den Spangen fest. Dann verschiebt man es, bis sich das Objekt im Lichtkegel der Mikroskopbeleuchtung (dem Strahlengang) befindet. Um ein scharfes Bild zu bekommen, muß der richtige Abstand zum Objektiv ge-

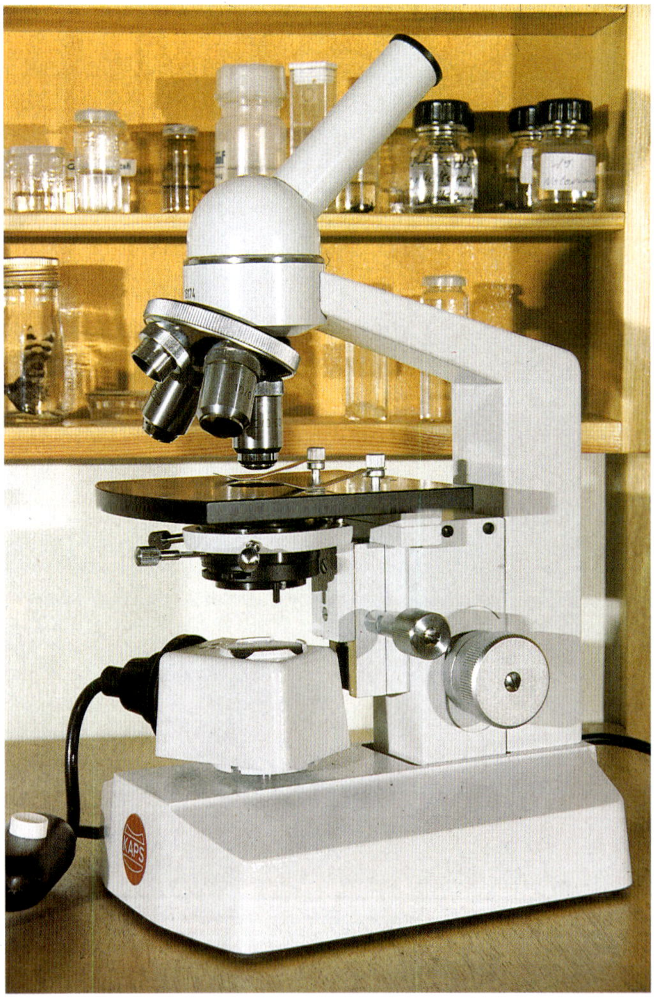

Bild Nr. 68a: Kursmikroskop mit guter Optik deutscher Herstellung.

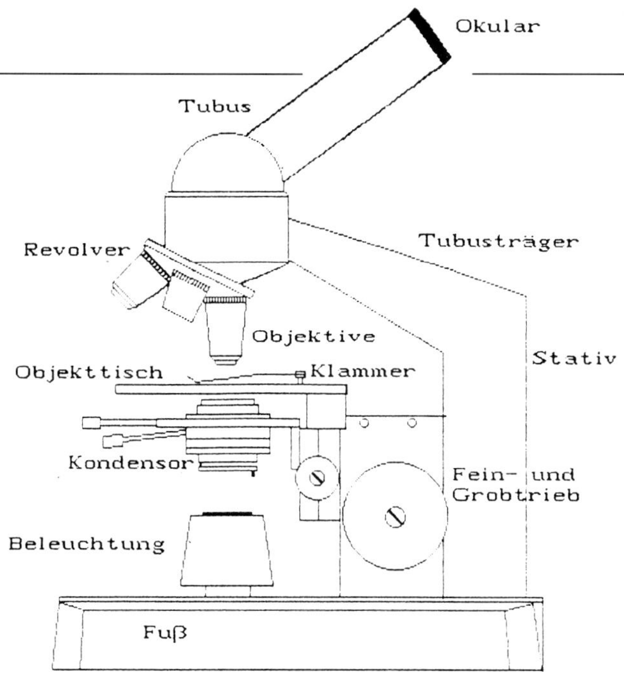

Bild Nr. 68b

funden werden. Dazu schaut man zunächst nicht in das Okular, sondern von der Seite waagrecht über das Präparat und verringert durch Drehen an der Einstellschraube den Abstand, bis die Objektivfrontlinse fast das Präparat berührt. Dann schaut man von oben in das Okular und vergrößert den Abstand, indem man die Einstellschraube in die andere Richtung dreht, bis das Objekt einigermaßen scharf zu sehen ist. Die letzte Schärferegulierung erfolgt mit der Feineinstellung, sofern diese vorhanden ist. Nun kann man die im Präparat befindlichen Objekte betrachten. Möchte man einen Ausschnitt genauer sehen, schwenkt man das Objektiv mit der nächsthöheren Vergrößerung in den Strahlengang. Dabei darf man nicht mit dem vorderen Teil oder gar mit der Frontlinse des Objektivs das Präparat berühren. Nun braucht man nur noch die Schärfe mit der Feineinstellung nachregulieren. Da mit höherer Vergrößerung die Ebene, welche die Optik vom Präparat scharf abbilden kann, immer dünner wird, muß man beim Beobachten mit der Feineinstellung die Schärfeebene ständig wechseln, um die ganze Dicke überblicken zu können. Je dünner das Präparat ist, desto besser kann man es betrachten. Das liest sich alles sehr kompliziert, mit einigem Üben hat man jedoch schnell das Prinzip erfaßt und kann leicht mit einem Mikroskop umgehen.

Bevor man einen Fisch zur Untersuchung aus dem Wasser fängt, bereitet man alles für die Untersuchung vor. Zunächst werden die benötigten Instrumente bereitgelegt, das Mikroskop aufgebaut und die Beleuchtung eingeschaltet. Mindestens drei Objektträger sollen gut gereinigt und frei von Fett und Fingerabdrücken für die Aufnahme von Untersuchungsmaterial bereit liegen. Ein mit dem Aquarienwasser getränktes und temperiertes Tuch wird bereitgelegt, um den Fisch aufzunehmen.

Vorbeugende Untersuchungen

Erhärtet sich der Verdacht, daß die Fische von einer Krankheit befallen sind, bewahrt man zuerst einmal Ruhe und beobachtet die Fische über ein bis zwei Tage viel genauer als sonst, ohne ein Medikament in das Wasser zu geben. Während dieser Zeit prüft man die Wasserwerte und versucht anhand der Beschreibungen und Bilder in diesem oder einem anderen Buch über Fischkrankheiten, eine Diagnose zu stellen. Diskusfische und andere Großcichliden sterben selbst an gefährlichen Krankheiten nicht so schnell, als daß man überstürzt handeln müßte. Auf die wenigen Ausnahmen wird bei den Beschreibungen der Krankheiten eingegangen. Wird jedoch eine Krankheit zu spät erkannt, kann es schon sein, daß die Zeit drängt und eine Behandlung schnellstens durchgeführt werden muß.

Viele Krankheiten lassen sich makroskopisch d. h. mit dem bloßen Auge nur sehr zweifelhaft erkennen. Darum ist die Untersuchung der Schleimhaut mit dem Mikroskop ein wichtiges Mittel zur Diagnose. Da sich ein ganzer Fisch schlecht auf dem Objekttisch eines Mikroskopes unterbringen läßt, müssen Teile der Schleimhaut zur Untersuchung abgenommen werden. Das geschieht in Form von Abstrichen. Um diese sachgemäß und schonend nehmen zu können, benötigt man einen stumpfkantigen Gegenstand, mit dem man über die Schleimhaut streicht. Ein Spatel aus Metall oder der stumpfe Rücken eines Messers erfüllen diesen Zweck. Der Fisch wird aus dem Wasser genommen und in ein feuchtes, temperiertes Tuch eingeschlagen. Zur Entnahme der Abstriche deckt man die betreffenden Körperstellen auf. Die Abstriche nimmt man von folgenden Körperstellen: direkt hinter den Kiemen, im Winkel zwischen Brustflossen und Körper, an den Körperseiten und an den Flossen (Bild Nr. 69). Man kann auch dem Fisch einen millimeterbreiten und drei Millimeter langen Streifen vom Flossenrand abschneiden und davon ein Präparat anfertigen. Mit dem senkrecht zur Körperoberfläche gestellten Spatel streicht man nun unter leichtem Druck von vorn nach hinten über die Haut. Schon dabei ist zu erkennen, ob die Schleimhaut angegriffen ist. Von gesunder Haut läßt sich selbst bei mehrmaligem Darüberstreichen kaum Material abstreifen. Ist die Schleimhaut erkrankt, hängt schon nach einem Abstreifen ein gut sichtbarer Batzen Schleim am Spatel. Der Schleim ist sofort auf einen der Objektträger zu übertragen, ein kleiner Tropfen Wasser zuzugeben und mit einem Deckglas abzudecken.

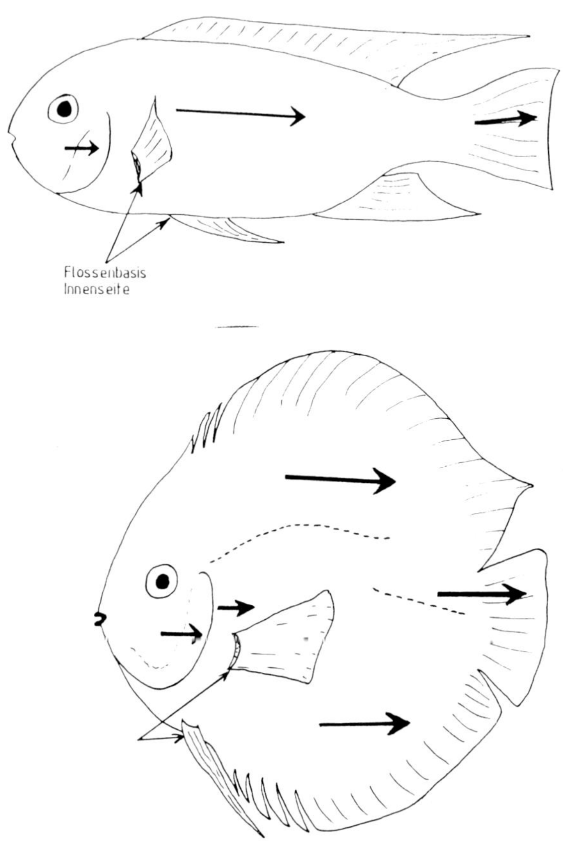

Bild Nr. 69: Die Pfeile zeigen, an welchen Stellen die Abstriche genommen werden.

Die Kiemenspülung ist ein zusätzliches Hilfsmittel, um Parasiten zu finden. Es können damit jedoch nur solche Parasiten gewonnen werden, die äußerlich und lose an den Kiemenblättern hängen. Erreger, die in das Gewebe der Kiemen eingedrungen sind, lösen sich bei dieser Methode nicht. Sie kann man nur finden, wenn man dem toten Fisch Kiemenblätter abschneidet und diese im Präparat untersucht. Wichtig ist, den Fisch bei der Kiemenspülung gut festzuhalten, damit er sich nicht bewegen kann. Bewegt er sich plötzlich und werden dabei die Kiemen verletzt, kann er an den Blutungen sterben. Besser ist, wenn jemand bei der Untersuchung assistiert und den Fisch festhält. Man hebt mit einem Fingernagel den Kiemendeckel an und spritzt mit einer vorn stumpfen Pipette Wasser auf die Kiemen, das man sofort wieder einsaugt. Das wiederholt man mehrmals hintereinander. Dabei werden einige Parasiten von den Kiemen abgespült und in die Pipette gesaugt. Von dem Wasser in der Pipette fertigt man mehrere Präparate an und durchmustert diese gründlich mit dem Mikroskop.

Durch die regelmäßige Untersuchung des Kotes kann sich der Züchter davon überzeugen, ob sich Parasiten im Darm der Fische vermehren. Dazu muß der Fisch nicht aus dem Wasser genommen werden. Leider werden von unerfahrenen Aquarianern die harmlosen Kleinlebewesen und Würmer, die in jedem Aquarium vorkommen, häufig für Parasiten gehalten. Um diese erkennen zu können, sollten Sie Kapitel 1 des ersten Bandes gelesen haben. Viele Kleinlebewesen und Mikroorganismen, die im Aquarium leben, wandern innerhalb weniger Minuten in einen abgesetzten Kotstrang ein. Darum ist es völlig sinnlos, Kot zu untersuchen, der schon am Boden des Aquariums lag. Eine aussagekräftige Kotprobe kann nur sofort nach dem Ausscheiden direkt vom After des Fisches genommen werden. Mit einer langen Pipette saugt man das Kotstück aus dem Wasser, bevor es auf den Aquarienboden absinken kann. Die Kotstükke sammelt man in einem kleinen Schälchen mit sauberem Wasser und überträgt dann Teile davon mit einer Pipette oder Pinzette auf einen Objektträger, deckt mit einem Deckglas ab und saugt das überschüssige Wasser ab. Dann untersucht man das Präparat mit dem Mikroskop.

Bei einer Vergrößerung ab 400fach kann man eine physikalische Erscheinung gut sehen, die Brownsche Molekularbewegung. Sie äußert sich in einem schnellen Hin-und Herzittern kleinster Teilchen im Präparat und führt manchmal zu Fehlbeurteilungen. Es handelt sich dabei nicht um eine Eigenbewegung von Bakterien, wie von Laien häufig vermutet wird, sondern um die Wärmebewegung kleinster Teilchen. Hat man sich damit vertraut gemacht, erlernt man auch, die aktive Bewegung kleiner Lebewesen davon zu unterscheiden. Der Unterschied liegt darin, daß durch Brownsche Molekularbewegung angestoßene Teilchen an einer Stelle bleiben, während sich Lebewesen im gesamten Bildfeld herumbewegen. Die Brownsche Molekularbewegung kann man sehr schön erkennen und beobachten, wenn man einen kleinen, mit Wasser verdünnten Tuschetropfen mikroskopiert.

In Asien werden Diskusfische mit Hormonen behandelt, um eine intensivere Färbung zu erzielen. Auch dieser Fisch wurde in seiner Rotfärbung hormonell beeinflußt. Diese Hormonbehandlungen wirken sich negativ im Fortpflanzungsverhalten aus.

Typische Diskusaquarien können sehr attraktiv mit Moorkienwurzeln dekoriert werden. Achten Sie beim Kauf auf echte Moorkienwurzeln und fragen Sie Ihren Fachhändler um Rat.

Das Durchführen einer Behandlung

Die Behandlung von Krankheiten im Aquarium ist nicht einfach und häufig mit Risiken verbunden. Es ist sinnvoll, bevor man zu rezeptpflichtigen Medikamenten greift, zuerst solche einzusetzen, die im Zoohandel erhältlich sind. Sie sind leichter anzuwenden und wirken sich nicht so negativ auf das Wasser aus. Bei nahezu völliger Ungefährlichkeit haben sie gute Heilungseigenschaften. Bei vielen Markenpäparaten wurde intensive Forschungsarbeit geleistet, bis das Medikament auf den Markt kam. In der Regel helfen sie zuverlässig gegen die auf der Packung angegebenen Krankheiten. Es gibt mitunter Erreger, die widerstandsfähiger sind und bei denen die Präparate nicht wirken. Die Ursache kann aber auch an einer falschen Anwendung, der Wasserzusammensetzung oder dem Filter des Aquariums liegen. In solchen Fällen ist es angebracht, die in diesem Buch angegebenen Chemikalien und Medikamente anzuwenden. Sie sind höher dosiert oder haben andere Wirkungsspektren. Aufgrund ihrer stärkeren Wirkung sind sie auch gefährlicher in der Anwendung. Leider gibt es kaum Medikamente, die als harmlos zu bezeichnen sind. Das liegt hauptsächlich daran, daß die meisten Medikamente, die aus der Humanmedizin stammen und im Aquarium Anwendung finden, für eine orale Anwendung (d. h. Verabreichung durch Verschlukken) konzipiert sind. Wir zweckentfremden solche Medikamente und wenden sie als Bad an. Es ist naheliegend daß diese Anwendung zu Nebenwirkungen führt, die unter den verschiedenen aquaristischen Bedingungen manchmal unvorhersehbar sind, zumal die Medikamente auch bei Menschen mitunter schwere Nebenwirkungen haben, wie aus den Gegenanzeigen der Beipackzettel zu ersehen ist. Weiterhin muß man sich im klaren darüber sein, daß alle Medikamente Giftstoffe sind. Ihre Wirkung beruht darauf, daß sie für die Krankheitserreger schädlicher sind als für die Fische. Deshalb belasten die Behandlungen den Organismus und schwächen die Fische. Aus diesen Gründen ist es völlig unsinnig, die Tiere ständig unter Medikamenteneinfluß zu setzen oder in regelmäßigen Zeitabständen sogenannte „vorbeugende Behandlungen" durchzuführen. Das schadet den Fischen mehr, als es ihnen nützt. Bei regelmäßiger Anwendung von Antibiotika besteht die Gefahr der Immunisierung der Erreger. Deshalb sollen Behandlungen nur im akuten Krankheitsfalle, nach genauer Diagnose und nach gründlichem Abwägen der Risiken durchgeführt werden. Setzt man dann exakt dosiert das richtige Medikament ein, ist eine hohe Wahrscheinlichkeit für den Erfolg der Behandlung gegeben. Grundsätzlich kann bei der Anwendung von Medikamenten nicht davon ausgegangen werden, daß sie sich nicht negativ auf das Aquarienwasser auswirken. Wie in Kapitel 3 (Band I) zu lesen ist, bedeutet das Verändern des pH-Wertes um eine Stufe eine Vermehrung oder Verminderung der Wasserstoffionenmenge um das Zehnfache im Aquarienwasser. Da die Zusammensetzung des Leitungswassers selbst in derselben Gemeinde mitunter sehr wechselt, können unerwünschte Reaktionen stattfinden, die das Aquarienwasser umkippen lassen oder den Fischen direkt schaden. Das Risiko einer Medikamentenanwendung erhöht sich bei weichem Wasser und mit steigender Temperatur. Auf keinen Fall soll man hochwirksame Medikamente leichtsinnig anwenden, sondern nur nach möglichst genauer

Cichlasoma facetum – dieser Südamerikaner wird Chanchito genannt. Die Fische werden zutraulich und kennen ihren Pfleger bald sehr gut. Leider sind sie recht selten im Angebot des Zoofachhandels zu finden.

Diagnose gezielt einsetzen. Medikamente dürfen nur dann in das Aquarium gegeben werden, wenn auch die Zeit vorhanden ist, den Verlauf der Behandlung zu kontrollieren. Die Anwendung kann morgens erfolgen, so daß am ersten Behandlungstag genügend Zeit ist, in kürzeren Zeitabständen die Fische und das Wasser zu kontrollieren. Nicht zuletzt hängt auch die Verträglichkeit der Medikamente vom Gesundheitszustand der Fische ab, also davon, wie weit die Krankheit schon fortgeschritten ist.

Viele Diskushalter und -züchter machen den großen Fehler, ihre Fische sofort mit irgendwelchen Medikamenten zu belasten, wenn sich diese einmal unwohl fühlen oder dunkel gefärbt sind. Dabei ist vielleicht nur eine schlechte Wasserqualität die Ursache. Bevor man beginnt, Heilmittel einzusetzen, sollte man zuerst einmal das Wasser testen, indem man Temperatur, pH-Wert, Nitritwert und eventuell noch den Sauerstoffgehalt mißt. Das Filtersubstrat ist vor einer Medikamentengabe auszuspülen, damit nicht absterbende Mikroorganismen das Wasser zusätzlich belasten. Gerade gegen Bakterien eingesetzte Medikamente wirken mitunter sehr selektiv auf die Mikroflora des Filters, die nitrifizierenden Bakterien sterben ab und Fäulnisbakterien vermehren sich schnell. Folglich wird das Wasser durch deren Ausscheidungsprodukte vergiftet oder kippt wegen Sauerstoffmangel um.

Auch scheint es gerade bei den Diskuszüchtern weit verbreitet zu sein, jedes neue Medikament, das irgendwo empfohlen wird, sofort ausprobieren zu müssen. Grundsätzlich kann man davon ausgehen, daß neue Behandlungsmethoden nicht in jedem Wasser erprobt sein können. Viele solcher Veröffentlichungen geschehen in Form von Leserbriefen und basieren gerade auf zwei oder drei Anwendungen. Wer das bedenkenlos übernimmt, setzt seine wertvollen Fische dem Risiko eines Fehlschlages aus. Ohne eine Methode im eigenen Wasser unter den gegebenen Bedingungen ausprobiert zu haben, darf sie nicht an den Zuchtfischen in der gesamten Anlage angewendet werden. Selbst vielfach erprobte Methoden, die schon jahrzehntelang angewendet wurden, können in seltenen Fällen zum Totalverlust der Fische führen. Bei der bedenkenlosen Anwendung von Medikamenten spielt wohl auch der weit in der Bevölkerung verbreitete Glaube mit, daß Medikamente die Krankheitserreger absolut abtöten. Dies trifft jedoch nur selten zu. Die meisten Medikamente, insbesondere alle Antibiotika, bewirken in den therapeutisch anwendbaren Konzentrationen nur eine Hemmung der Erreger in ihrer Entwicklung oder Teilungsfähigkeit. Abgetötet werden sie dann von der Immunabwehr der Fische. Darum ist es verständlich, daß Fische trotz intensiven Medikamenteneinsatzes nicht gesund werden, wenn sie schon total abgemagert sind oder aus anderen Gründen nur geringe Abwehrkräfte haben.

Die in diesem Buch angeführten Behandlungsmethoden und Rezepturen sind vom Autor vielfach angewendet und sorgfältig ausgewählt worden. Auf Gefahren, die bei der Behandlung auftreten können, wird, soweit sie bekannt sind, bei den aufgeführten Medikamenten und Behandlungsratschlägen hingewiesen. Trotzdem ist jede Haftung des Autors und des Verlages für Schäden und Folgeschäden, die im Umgang mit den in diesem Buch genannten Medikamenten und Chemikalien, sowie bei der Befolgung der genannten Ratschläge und Behandlungsvorschläge auftreten können, ausgeschlossen. Sie können nicht übernommen werden, ohne vom Anwender auf ihre Verträglichkeit in seinem Aquarienwasser geprüft worden zu sein. Eine kontraindikatorische Wirkung der Medikamente und Chemikalien mit im Aquarienwasser befindlichen Kunststoffen und Giftstoffen aus der Umwelt ist möglich!

Quarantäne sollte beim Kauf neuer Fische immer eingehalten werden. Gerade in Diskusaquarien können schnell Krankheiten eingeschleppt werden. Sind Diskusfische gesund, sind sie robuste Pfleglinge.

Das Auftreten von Krankheiten soll hier nicht heruntergespielt werden, es können jedoch viele Krankheiten durch ein konsequentes Befolgen der vorbeugenden Maßnahmen und einer ordentlichen Hälterung unter hygienischen Verhältnissen verhindert werden. Ich möchte an dieser Stelle Herrn Gregus aus München mit einem Ausspruch zitieren, den er auf einem Treffen der deutschen Diskuszüchtergemeinschaft im April 1989 geäußert hat: „Es gibt mit Sicherheit mehr Diskusfische, die Probleme mit ihrem Pfleger haben, als Pfleger mit ihren Fischen."

Vorbeugende Behandlung unter Quarantäne

Werden Fische neu gekauft, so gehören diese, ungeachtet den Versicherungen des Verkäufers, seines guten Rufes und dem sauberen Zustand seiner Anlage, grundsätzlich in das immer bereitstehende Quarantänebecken. Auf keinen Fall dürfen die Fische nun mit dem Transportwasser einfach hineingeschüttet werden. Zuerst muß man die Wasserwerte anpassen. Dazu ersetzt man mehrmals langsam einen kleinen Teil des Transportwassers durch Wasser aus dem Quarantänebecken, bis die Wasserwerte nahezu identisch sind. Dann erst setzt man die Fische um. Das Transportwasser wird verworfen. Nun beobachtet man die Neulinge zunächst einmal während der nächsten Stunden.

Mitunter wird den Fischen beim Fangen oder während des Transportes die Schleimhaut und die Hornhaut der Augen etwas abgeschürft. In diesem Fall, aber auch nur dann, gibt man etwas Methylenblau in das Wasser des Quarantänebeckens, Dazu verwendet man die auf Seite 40 beschriebene Stammlösung und gibt davon 30 ml auf 100 Liter Wasser. Das verhindert Verpilzungen und Infektionen. Ansonsten läßt man die Tiere in der ersten Woche in Ruhe, damit

Großcichliden, wie Uarus, sind dankbare Pfleglinge, die eine enge Bindung an ihren Pfleger suchen. Diese Tatsache macht sie für den engagierten Aquarianer zu einer echten Alternative.

sie sich von dem Streß des Transportes erholen können. Das Medikament kann nach 3 bis 4 Tagen über Kohle ausgefiltert werden.

Durch ein abwechslungsreiches Futterangebot versucht man herauszufinden, welche Futterarten die Fische am liebsten mögen. Diese kann man am Anfang häufiger füttern und sie dann langsam an Futtersorten gewöhnen, die vielleicht für ihre Ernährung wichtiger sind. Für Wildfänge dehnt man die Erholungs- und Eingewöhnungszeit auf 14 Tage aus und bietet ihnen möglichst Lebendfutter an. Da Wildfänge mitunter wochenlang keine Nahrung bekamen, kann es schwierig sein, sie zur Futteraufnahme zu bewegen. (Man sollte sich vielleicht vor dem Kauf vom Verkäufer zeigen lassen, daß sie fressen.) Während dieser Eingewöhnungszeit beobachtet man die Fische häufig und beurteilt ihren Zustand und ihr Verhalten nach den Angaben ab S. 15. Verweigern neue Fische jedes normale Futter, so kann man probieren, sie durch Gabe von vereinzelten lebenden roten und weißen Mückenlarven oder lebenden Tubifex zur Futteraufnahme zu bewegen.

Tritt eine Erkrankung auf, so versucht man die Diagnose nach den letzten beiden Kapiteln dieses Buches zu stellen und behandelt mit den entsprechenden Medikamenten. Die vorbeugenden Behandlungen werden nur dann durchgeführt, wenn die Fische gesund erscheinen, man aber nicht sicher ist, daß sie nicht doch Krankheitserreger beherbergen. Zum Beispiel, wenn keine Möglichkeit besteht, die vorbeugenden Untersuchungen mit einem Mikroskop durchzuführen. Auch wenn man bei Abstrichen und Kotuntersuchungen einzelne Erreger oder deren Eier gefunden hat, kann man die Behandlungen durchführen. Man muß sich jedoch darüber im klaren sein, daß die vorbeugenden Behandlungen die Quarantänezeit um Wochen verlängern. Weiterhin kann aus den voran genannten Gründen keine 100 %ige Garantie abgeleitet werden, daß auch nach sehr konsequenter Durchführung alle Erreger abgetötet sind. Die vorbeugenden Behandlungen richten sich gegen die am häufigsten vorkommenden Parasiten wie alle Ciliaten, Flagellaten, Kiemenwürmer und Nematoden im Darm.

Nach der Eingewöhnungszeit von mindestens einer Woche beginnt man mit Malachitgrünoxalat (siehe S. 41). Bevor das Medikament ins Wasser gegeben wird, spült man das Filtermaterial gut aus und saugt eventuell vorhandenen Mulm ab. Man gibt die Grunddosis in das Wasser und dosiert dreimal mit der halben Dosis im Abstand von je drei Tagen nach. Danach wird ein Wasserwechsel durchgeführt, dann filtert man den Wirkstoff über Aktivkohle aus und läßt den Fischen eine Erholungszeit von 5 Tagen.

Nun führt man die Behandlung mit HEXA-ex® oder Metronidazol zweimal, wie auf Seite 41 beschrieben, durch. Danach sollen die Fische sich mindestens 3 Tage erholen können. Während dieser Zeit filtert man den Wirkstoff über Aktivkohle aus.

Als drittes führt man eine Behandlung mit Flubenol 5% durch, wie es auf Seite 46 beschrieben ist. Die Fische sollen jedoch erst frühestens am 21. Tag nach Beginn der Behandlung mit Flubenol in die Zuchtanlage umgesiedelt werden.

Behandlungen in Aquarium und Zuchtanlage

Der Einsatz von Medikamenten in einem Aquarium birgt immer das Risiko, daß Wasserveränderungen auftreten oder aufgrund im Wasser enthaltener Stoffe das Medikament giftiger wird. Besonders schwierig ist die Anwendung von hochwirksamen Medikamenten in Becken mit Bodengrund und Pflanzen. Deshalb ist es ratsam, eine Behandlung nur dann durchzuführen, wenn genügend Zeit besteht, diese auch zu kontrollieren. Großcichliden sind nicht empfindlich und gehen weder an Parasiten noch an Infektionen so schnell ein, daß man sofort reagieren muß. Im Normalfall hat man etwas Zeit, eine genaue Diagnose zu stellen, die Durchführung der Behandlung zu planen und sich die Medikamente zu besorgen. Ist man im Stellen der Diagnose unsicher, lohnt es sich, einen Fisch zu einem Institut zur Untersuchung zu bringen. Dieser ist zwar verloren, weil er seziert wird, aber dafür weiß man nachher genau, welche Krankheit vorliegt und kann die anderen Fische retten.

Zur Untersuchung müssen die Fische möglichst lebend gelangen. Schon eine halbe Stunde nach Eintreten des Todes beginnt sich das Gewebe zu zersetzen. Auch Bakterien vermehren sich sehr schnell an und in dem toten Fisch und verfälschen das Krankheitsbild. Eine sichere Diagnose ist dann nicht mehr möglich. Darum ist die Untersuchung bis spätestens eine Stunde nach Eintreten des Todes durchzuführen. Zunächst muß man in dem betreffenden Institut denjenigen telefonisch benachrichtigen, der die Untersuchung durchführt, und einen Termin mit ihm absprechen. Besteht nicht die Möglichkeit, den Patienten selbst hinzubringen, kann er auch verschickt werden. Das ist jedoch mit dem Empfänger genau abzusprechen. Der Fisch muß sorgfältig und sicher verpackt in einer dicht verschlossenen Tüte mit genügend Luft zum Versand kommen. Möchte man mehrere große Fische verschicken, muß jeder separat in eine Tüte gepackt werden. Jede Tüte wird in eine zweite gesteckt und mit mehreren Lagen Papier dazwischen gegen das Durchstechen mit den Flossenstrahlen gesichert. Angestochene Beutel laufen nicht so schnell aus, wenn sie nur locker und nicht prall mit Luft gefüllt sind. Kleine Fische kann man zu mehreren in einem Beutel unterbringen. Die Tüten mit den Fischen werden in einen wärmeisolierten Karton gestellt und die Zwischenräume mit Papier ausgestopft. Ein Brief mit genauer Beschreibung des Krankheitsverlaufes und der Vorgeschichte ist beizufügen. Als Versandart kommt nur „Expreß" in Frage, da Normalversand zu lange dauert. Bei Außentemperaturen unter 10 °C ist es schwierig, Fische zu verschicken, weil das Wasser schnell abkühlt und sie sterben. Am schnellsten geht der Versand mit dem Nachtexpreßdienst der Bahn. Gibt man das Paket abends vor 17 Uhr an der Expreßstation ab, so erreicht es die Empfangsstation am Vormittag des folgenden Tages. Bei einem entsprechenden Vermerk auf dem Frachtschein wird der Empfänger telefonisch benachrichtigt und kann die Sendung abholen. Die Fracht ist vom Absender bei Abgabe des Paketes zu entrichten.

Es folgen nun mehrere Adressen mit Telefonnummern, wohin man die Fische zur Untersuchung bringen oder schicken kann.

Prof. Dr. Hoffmann
Institut für Zoologie und Hydrobiologie
der Universität München
Kaulbachstraße 37
80539 München 22
Tel.: 089/2180 - 2283

Roland Teufel
Hintere Gasse 4
70794 Filderstadt-Bernhausen
Tel.: 0711/703401
nur am Wochenende ab Freitag 16 Uhr

Arbeitskreis Fischkrankheiten des VDA
Karl Wilfried Hamel
Darmstädter Straße 179
64625 Bensheim-Auerbach
Tel.: 06251/73696

Pterophyllum scalare scalare

Hemichromis cristatus

Prof. Dr. Dieter Manz
Dr. Joachim Nilz
Fischgesundheitsdienst
Staatliches Medizinal-, Lebensmittel-
und Veterinäruntersuchungsamt
Marburger Straße 54
35396 Gießen
Tel.: 0641/30060

Prof. Dr. W. Körting
Tierärztliche Hochschule Hannover
Bünteweg 17
30559 Hannover 1
Tel.: 0511/8568889

Frau Dr. Bernoth
Inst. für Veterinärmedizin des
Bundesgesundheitsamtes
Versuchsgut Marienfelde
Alt-Marienfelde 17 - 21
12277 Berlin
Tel.: 030/7213096

Hat man nun einen Fisch untersucht oder untersuchen lassen und weiß, welche Medikamente einzusetzen sind, muß man die Behandlung vorbereiten. Um Medikamente im Aquarium anwenden zu können, müssen grundsätzlich die besten hygienischen Verhältnisse herrschen. Darum ist die erste vorbereitende Handlung, einen Wasserwechsel von 20 bis 30 % durchzuführen und dabei den am Bodengrund befindlichen Mulm abzusaugen. Dann entfernt man den angesammelten Schmutz aus dem Filter indem man das Filtermaterial, wie auf Seite 22, Band I beschrieben, ausspült. Die Wirkung von langsam laufenden Biofiltern auf die Medikamente und umgekehrt ist in Band 1 im ersten Kapitel beschrieben. Unter Umständen muß man einen mit Watte gefüllten Schnellfilter im Aquarium anbringen. Ein zusätzlich in das Becken gebrachter starker Ausströmerstein kann einem überraschenden Sauerstoffmangel vorbeugen. Der pH-Wert sollte sich zwischen 6 und 7,5 befinden. Nitrit oder Ammonium darf nicht vorhanden sein. Manche Medikamente schaden den Pflanzen und können deshalb in eingerichteten Aquarien nur bedingt eingesetzt werden. Während der Behandlung sind die Fische so zu füttern, daß alles in kurzer Zeit gefressen ist und keine Futterreste am Boden liegen bleiben. UV-Röhren und Ozonisatoren sind während einer Behandlung zu entfernen, da sich bei deren Betrieb viele Medikamente zersetzen.

Auch wenn man schon unzählige Male Medikamente in seinen Aquarien erfolgreich angewendet hat, so ist das keine Garantie dafür, daß auch diesmal alles problemlos verläuft. Darum soll das Medikament erst dann in das Wasser gegeben werden, wenn man genügend Zeit hat, in kurzen Zeitabständen Wasser und Fische zu kontrollieren. Bei der Gabe bakteriell wirkender Medikamente muß der Nitritwert gemessen werden. Dieser steigt rapide an, wenn die nitrifizierenden Bakterien im Filter absterben. Treten Vergiftungserscheinungen auf, ist die Behandlung abzubrechen und sofort ein großer Teil des Wassers zu wechseln. Die Beimischungen mancher Medikamente (auch Antibiotika mit Lösungsmitteln) bewirken eine Vermehrung abbauender Bakterien im Aquarienwasser. Es ist daher ständig darauf zu achten, ob das Wasser trübe wird oder sich weißgraue, schleimige Fäden oder Beläge an den Scheiben, der Dekoration und in den Rohren bilden. In diesem Fall ist höchste Aufmerksamkeit erforderlich und in kurzen Zeitabständen zu kontrollieren, ob sich der Filter zusetzt oder die Fische Sauerstoffmangel zeigen. Eine zusätzliche kräftige Belüftung des Wassers ist dann unbedingt erforderlich. Ist der Prozeß der Bakterienvermehrung schon zu weit fortgeschritten, kann das Wasser trotzdem innerhalb weniger Stunden umkippen, wobei die Fische ersticken. Außerdem können die sich bildenden Bakterienfäden den Fischen die Kiemen verkleben. Tritt ein solcher Fall ein, sind die Fische sofort in sauberes, unbelastetes Wasser umzusetzen.

Ist die Behandlung erfolgreich beendet, wird mehrmals ein Wasserwechsel von 15 bis 20 % durchgeführt, um das Medikament zu entfernen. Die Medikamentenreste filtert man drei Tage lang über frische Aktivkohle aus. Man sollte die Aktivkohle nicht wiederverwenden, da ja das Medikament oder andere Giftstoffe in ihr nur abgelagert, aber nicht chemisch vernichtet werden. Bei Wiederverwertung kann es vorkommen, daß die Stoffe freigesetzt werden oder mit anderen Chemikalien reagieren.

Zehn Regeln zur Behandlung von Fischen

1. Behandlungen nur nach genauer Diagnose durchführen
2. Vor der Behandlung einen Wasserwechsel von 20 bis 30 % durchführen, den Mulm absaugen und das Filtersubstrat ausspülen, jedoch nicht durch neues ersetzen.
3. Behandlungen nur dann durchführen, wenn die Wasserwerte stimmen.
4. Die Behandlungen möglichst am Wochenende durchführen, damit das Becken öfter kontrolliert werden kann.
5. Die Medikamente sind genau nach Angabe zu dosieren und die angegebenen Behandlungtemperaturen einzuhalten (sonst die normale Temperatur).
6. Befindet sich kein kräftiger Filter am Becken, so ist ein zusätzlicher, motorbetriebener Schnellfilter im Becken anzubringen, der sauber ausgewaschene Watte enthält.
7. Zeigen die Fische Vergiftungserscheinungen, so ist die Behandlung sofort zu unterbrechen.
8. Wird das Wasser stark trübe, ist die Behandlung zu unterbrechen.
9. Zeigen die Fische Sauerstoffmangel durch schnelle Atmung an, so ist das Wasser durch einen zusätzlich angebrachten Ausströmer stark zu belüften und in kurzen Zeitabständen zu kontrollieren, ob das Wasser trübe wird.
10. Nach Abschluß der Behandlung ist mehrmals ein Teilwasserwechsel von 15 bis 20 % durchzuführen und drei Tage lang über Kohle zu filtern.

Der kleinere Schmetterlingsbuntbarsch ist ein willkommener Beifisch für ein Südamerikaaquarium mit anderen Cichilden.

Die grundlegenden Behandlungen

Achtung!
Sämtliche Medikamente und Chemikalien dürfen nicht in Kinderhände gelangen und müssen daher sicher vor Kindern aufbewahrt werden!!

Viele der genannten Medikamente und Wirkstoffe sind rezeptpflichtig und werden in Apotheken nur gegen Vorlage eines Rezeptes vom Arzt oder Tierarzt ausgehändigt.

Kochsalz

Kochsalz wird schon seit den Anfängen der Aquaristik zur Bekämpfung von Ektoparasiten angewendet. Auch vorbeugend hilft es gegen leichten Befall von ektoparasitischen Einzellern. Man kann es als Dauerbad in einer Dosis von 1 g auf 15 Liter Wasser über ein bis zwei Tage einsetzen. Für ein Kurzbad dosiert man 10 g je Liter über 10 bis 20 Minuten in einem gesonderten Behälter. Man füllt zuerst den Behälter mit Aquarienwasser und setzt die Fische ein. Dann gibt man das vorgelöste Salz langsam unter Umrühren hinzu. Während des Bades sind die Fische zu beobachten. Die Angaben beziehen sich auf ein weiches Wasser von 6 °dH Gesamthärte oder darunter. In einem Wasser von 7 bis 12 °dH wendet man 1 g Salz auf 8 Liter und bei einer Härte über 12 °dH 3 g je 10 Liter an. In sehr hartem Wasser kann das Kurzbad mit einer Salzmenge von 15 g/l angewendet werden. Die Salzzugabe kann Pflanzen schaden.

Kochsalztabletten werden in den meisten Zierfischgroßhandlungen als vorbeugendes Medikament eingesetzt. Seine schonende Wirkung hilft, die teilweise stark besetzten Aquarien leichter in den Griff zu bekommen.

Methylenblau (Substanz)

Methylenblau wirkt bei guter Verträglichkeit für viele Fische hemmend auf Bakterien und Pilze. Man löst 1 Gramm Methylenblau in 1 Liter Wasser und bewahrt diese Stammlösung in einer braunen oder grünen Flasche auf. Sie muß ein Etikett mit der genauen Bezeichnung tragen. Die Normaldosis beträgt 100 ml Stammlösung auf 100 Liter Wasser. Sie kann in das eingerichtete Aquarium gegeben werden. Die verstärkte Dosis von 300 ml Stammlösung auf 100 Liter Wasser wird in einem separaten Behälter, der mit Aquarienwasser gefüllt wurde, angewendet. Die Fische werden darin unter häufiger Kontrolle bis zu höchstens drei Tage lang behandelt. Es wirkt auf empfindliche Fische toxisch. Zur Vorbeugung gegen Infektionen nach einem Transport oder bei Verletzungen gibt man 30 bis 50 ml Stammlösung auf 100 Liter Wasser in das Quarantänebecken. Um der Laichverpilzung vorzubeugen, reichen ebenfalls 30 ml Stammlösung auf 100 Liter Wasser. Vorsicht! Methylenblau färbt stark, die Flecken sind kaum zu entfernen.

Malachitgrünoxalat (zinkfrei) (Substanz)

Malachitgrün ist ein starker Giftstoff und darf daher nur in geringer Dosis verabreicht werden. Ihm werden karzinogene Eigenschaften nachgesagt. Die Behandlung ist für die Fische wesentlich besser verträglich, wenn geringe Dosen mehrmals gegeben werden, als auf einmal eine sehr hohe Dosis. Außerdem ist die Gabe einer einmaligen hohen Dosis in der Wirkung unsicherer, da das Malachitgrün in eingefahrenem Aquarienwasser schnell abgebaut und deshalb wirkungslos wird. In saurem und weichem Wasser wirkt es toxischer als in hartem und neutralem Wasser.

Man stellt zunächst eine Stammlösung her. Dazu löst man 1 g Malachitgrünoxalat in 1 Liter Wasser vollständig auf und bewahrt es in einer braunen Flasche auf. Die Vorratsflasche muß je ein Etikett mit genauer Beschriftung und dem Totenkopfzeichen tragen. Diese Stammlösung ist kühl gelagert etwa 5 Monate lang haltbar. Zur Behandlung von Fischen dosiert man 6 bis 8 ml dieser Stammlösung auf 100 Liter Wasser und gibt am 3., 6., 9., und 12. Tag die halbe Dosis nach. Große Fische vertragen diese Dosierung meist problemlos. Zu Vergiftungserscheinungen kann es kommen, wenn die Behandlung in sehr reinem Wasser oder auch in abgestandenem Leitungswasser durchgeführt wird. Für Salmler, Welse und Kleincichliden kann die Dosis zu hoch sein. Hier müssen vor der Anwendung im Aquarium Probebehandlungen mit dem vorhandenen Aquarienwasser durchgeführt werden.

Gefahrenhinweis: Flecken von Malachitgrün lassen sich kaum noch entfernen. Es ist hautreizend, sehr giftig beim Verschlucken und möglicherweise krebserregend. Bei Unfall oder Unwohlsein muß man sofort einen Arzt hinzuziehen.

Metronidazol (Clont®, Flagyl®)

Metronidazol heißt der Wirkstoff, der in den Medikamenten Clont und Flagyl enthalten ist. Er wirkt auf die meisten Flagellatenarten hemmend, rottet sie aber nicht vollständig aus, wie häufig vermutet wird. Die Flagellaten sind lediglich geschwächt und können dann vom Immunsystem des Fisches bekämpft werden. Das funktioniert nur, wenn der Fisch kräftig genug ist. Abgemagerte oder auch nur geschwächte Fische werden nicht gesund und können die anderen Beckeninsassen wieder infizieren. Da die zweigeißligen Flagellaten sich in den Zellen der Darmwand enzystieren können, ist bei einem Befall durch Cryptobia sp. und Bodomonas sp. die Behandlung zu wiederholen. Zur Behandlung gibt man 500 mg Metronidazol oder zwei Tabletten Clont oder Flagyl mit einem Wirkstoffgehalt von 250 mg Metronidazol auf 100 Liter Wasser. Die Anwendung kann in bepflanzten Aquarien erfolgen. Die pulverisierten Tabletten oder der Wirkstoff werden in einem Glas mit etwas lauwarmem Wasser vorgelöst. Die Lösung verteilt man gleichmäßig über die gesamte Wasseroberfläche des Aquariums. Als nächstes erhöht man die Wassertemperatur um 3 °C. Drei Tage lang wird die Behandlung durchgeführt. Dann wechselt man mindestens 30 % des Wassers und filtert das Medikament über Aktivkohle aus. Die Temperatur wird wieder auf den Normalwert zurückgestellt. Nun läßt man den Fischen 5 Tage zur Erholung. Nach dieser Zeit wird die Aktivkohle aus dem Filter genommen und die Behandlung noch einmal mit Temperaturerhöhung durchgeführt. Auch nach der zweiten Behandlung sind Wasserwechsel und Aktivkohlefilterung notwendig. In 100 g Medizinalfutter mischt man 250 mg Metronidazol oder eine Tablette Clont (Flagyl) mit gleichem Wirkstoffgehalt. Man füttert sechs Tage lang morgens und abends.

Obwohl Metronidazol schon seit Jahrzehnten in der Aquaristik sehr erfolgreich Verwendung findet, können negative Nebenwirkungen nicht ausgeschlossen werden. So ist es schon in ganz seltenen Fällen vorgekommen, daß durch unbekannte Reaktionen während der Behandlung alle Fische starben. Leider liegen keine Informationen darüber vor, in welchem Zustand sich die betroffenen Aquarien befanden.

Metrifonat (Masoten ®, Neguvon ®)

Masoten mit dem Wirkstoff Metrifonat ist wohl das am längsten in der Aquaristik angewendete Medikament gegen Wurmerkrankungen. Es hat aber auch viele und lange Diskussionen über Toxizität, Wirksamkeit und Wirkungsspektrum ausgelöst.

Die Wirksamkeit wird von drei Faktoren beeinflußt: der Wassertemperatur, extremen pH-Werten und der Länge der Zeitspanne, welche die geöffnete Packung gelagert war. Berücksichtigt man diese Faktoren und daß die Eier der Kiemenwürmer nicht abgetötet werden, so läßt sich Masoten mit entsprechender Planung und konsequenter Durchführung sinnvoll und wirksam einsetzen. Die wichtigste Voraussetzung für eine erfolgreiche Behandlung ist die Verwendung von ganz frischem oder absolut trocken gelagertem Masoten. Versuche haben gezeigt, daß Masoten selbst in scheinbar dicht schließenden Schraubgläsern nach etwa zwei Monaten soviel Luftfeuchtigkeit aufgenommen hat, daß die Wirksamkeit drastisch herabgesetzt ist. Das ist auch dann der Fall, wenn es nicht in einem Aquarienkeller mit hoher Luftfeuchtigkeit aufgehoben wird. In gleichem Maße nimmt die Giftigkeit für die Fische zu. Leider gibt es Masoten nur in großen Packungen von 500 Gramm. Es ist erforderlich, die Originalpackung sofort nach dem Öffnen in kleinere Gebinde umzupacken und diese sicher vor Feuchtigkeit zu lagern. Man stellt darum die kleinen Packungen in ein großes, dicht schließendes Glas und füllt in den Zwischenraum zwei Zentimeter hoch Blaugel ein. Auf diese Art und Weise ist Masoten jahrelang lagerbar und behält seine Wirksamkeit. Den Wirkstoff von Masoten gibt es in reiner Form unter dem Namen Neguvon. Es ist in kleinen Packungen erhältlich. Über die Lagerfähigkeit von Neguvon liegen keine Erfahrungen vor. Es ist jedoch ratsam, die ungeöffneten Briefchen ebenfalls in einem Schraubglas mit Blaugel einzuschließen.

Blaugel ist ein Trockenmittel, welches verhindert, daß Luftfeuchtigkeit in die Medikamentenpackungen gelangt. Es ist in Form von blauem Granulat in Apotheken oder dem Chemikalienhandel erhältlich. Die blaue Farbe ist ein Indikator, der die volle Wirksamkeit anzeigt. Verliert das Blaugel die Farbe und wird erst hellblau, dann rosa und schließlich weiß, ist es mit Feuchtigkeit gesättigt und wirkungslos. Man braucht es dann nur auf einem Backblech auszubreiten und im Backofen 10 bis 15 Minuten lang auf 105 bis 115 °C zu erhitzen. Dabei wird die aufgenommene Feuchtigkeit ausgetrieben, und die blaue Farbe kehrt zurück. Die Fähigkeit, Feuchtigkeit aufzunehmen, ist wieder vollständig vorhanden.

Masoten ist ein ganz feines, leicht bläuliches Pulver. Hat sich die blaue Farbe verstärkt und haben sich kleine Klümpchen gebildet, so hat die Wirksamkeit nachgelassen und von der Anwendung muß abgeraten werden. Das Medikament muß unbedingt nach Packungsbeilage chemisch vernichtet und umweltfreundlich entsorgt werden. Ein weiterer Nachteil, den man bei der Anwendung berücksichtigen muß, ist, daß die Wirkung bei hoher Temperatur und extrem abfallendem pH-Wert bis pH 4 oder darunter nachläßt. Man muß dann die Behandlung einen Tag länger durchführen. Wenn die Behandlung nach den folgenden Angaben durchgeführt wird, ist eine hohe Wahrscheinlichkeit für einen Erfolg gegeben.

Die Voraussetzung für die Durchführung einer erfolgreichen Masotenbehandlung ist die Absenkung der Wassertemperatur auf exakt 25 °C. Lebendgebärende Hautwürmer der Ordnung Gyrodactylidea und Kiemenwürmer der Gattung Dactylogyrus sowie alle aus Freilandteichen eingeschleppten Hakenwürmer können mit einer Dosis von 50 Milligramm Masoten oder 40 Milligramm Neguvon je 100 Liter Behandlungswasser bekämpft werden. Das Medikament bleibt 72 Stunden im Wasser, dann wird ein möglichst großer Wasserwechsel durchgeführt und über Kohle gefiltert. Eierlegende Hakenwürmer müssen zweimal behandelt werden. Man beginnt mit der zweiten Behandlung vier Tage nach Abschluß der ersten. Auch während dieser Pause bleibt die Wassertemperatur bei 25 °C. Bevor man mit der zweiten Behandlung beginnt, entfernt man die Kohle aus dem Filter. Auch die zweite Behandlung wird mit gleicher Dosis drei Tage lang durchgeführt. Danach wechselt man mehrmals einen Teil des Wassers und filtert wieder über Kohle. Auch bei der doppelten Behandlung ist nicht garantiert, daß die Würmer im Aquarium ausgerottet sind. Einige Eier, sogenannte Dauereier, entwickeln sich erst wesentlich später und überleben deshalb die beiden Behandlungen. Sie führen dann zu Reinfektionen. In der Regel haben die Fische bis dahin ihre Immunität erlangt. Bei gesunder Haltung schaden ihnen die Würmer nicht. Das trifft gleichermaßen für die Beschreibung in dem nun folgenden Abschnitt zu.

Die diskusspezifischen, eierlegenden Kiemenwürmer müssen mit einer höheren Dosis zweimal behandelt werden (siehe S. 64), weil sie wesentlich unempfindlicher gegen Chemikalien sind als andere Kiemen- und Hautwürmer. Auch hier ist es unerläßlich, die Temperatur auf 25 °C einzustellen. Experimentell konnte nachgewiesen werden, daß die Würmer bei einer Dosis von 1 mg/l Masoten etwa nach 60 Stunden restlos abgestorben waren (pH-Wert zwischen 6 und 7 pH). Sicherheitshalber führt man die erste Behandlung mindestens 72 Stunden und höchstens 96

Futtertabletten können gut mit aufgelösten Medikamenten bestrichen werden. So gelangen die Medikamente auf natürliche Weise direkt in den Fisch. Die Dosierung ist jedoch sehr ungenau.

Stunden, also drei bis vier Tage lang durch. Danach wird ein großer Teil des Wassers gewechselt, und die Medikamentenreste werden über Kohle ausgefiltert. Auch jetzt, in der Behandlungspause, bleibt die Temperatur auf 25 °C eingestellt. Das ist wichtig, weil in diesen Tagen zwar ein großer Teil der Kiemenwürmer ausschlüpft, die Larven sich aber vor der zweiten Behandlung noch nicht bis zur Geschlechtsreife entwickeln können. Bei höherer Temperatur entwickeln sich die Eier und Larven schneller, so daß bis zur zweiten Behandlung schon wieder geschlechtsreife Würmer vorhanden sind, die Eier legen. Am fünften Tag wird die Kohle aus dem Filter entfernt und mit der zweiten Behandlung mit gleicher Dosis von 1 mg/l Masoten begonnen. Wieder bleibt das Medikament drei Tage im Wasser, dann führt man mehrmals einen Teilwasserwechsel durch und filtert über Kohle. Die Temperatur kann nun auf den normalen Wert angehoben werden. Die Dosis für Neguvon beträgt 0,8 mg/l, das entspricht 80 mg Neguvon für 100 Liter Behandlungswasser.

Nicht alle Fischarten vertragen Masoten und Neguvon. Manche Wels- und Salmlerarten sterben bei der Behandlung. Altum-Scalare vertragen die Dosis sehr schlecht. Darum ist es notwendig, zuerst in einem Test abzuklären, ob die gehaltenen Fische behandelbar sind. Viele negative Erfahrungen in dieser Richtung sind jedoch auf die Verwendung von falsch gelagertem Masoten zurückzuführen. Mit frischem oder trocken gelagertem Masoten, nach der zuvor beschriebenen Methode und den genannten Wasserwerten, konnte bei Diskusfischen keine negative Auswirkung der Behandlung festgestellt werden. Mitbehandelte Antennenwelse zeigten leichte Lähmungserscheinungen, die nach der Behandlung wieder verschwanden. Auch ist es unzutreffend, daß Diskusfische von der Behandlung mit Masoten unfruchtbar würden, wie manchmal behauptet wird. Es ist mehrfach bewiesen, daß selbst so hohe Dosen wie 4 mg/l Masoten über drei Tage nicht zur Unfruchtbarkeit führen. Bitte beachten Sie dazu auch die Angaben auf S. 100, Band I über Vergiftungen.

Wer seine Diskusfische in einem Aquarium ohne Einrichtung hält, kann die Masotenbehandlung mit zwei Becken durchführen, wobei auch die Dauereier abgetötet werden. Man macht sich zunutze, daß die Eier keine Trockenheit vertragen können. Zunächst richtet man ein zweites Aquarium her, das mit Sicherheit frei von Kiemenwürmern ist. Ist man sich dessen nicht sicher, so kann man es einige Tage trocken stehen lassen oder desinfizieren (S. 56). Auch sonstiges Zubehör darf nicht anderen Aquarien entnommen werden, oder man muß es ebenfalls desinfizieren. Man füllt das Aquarium mit frischem Wasser, das nicht aus anderen Aquarien entnommen wurde, und stellt die Temperatur auf 25 °C ein. Nun werden die Fische in ihrem Stammaquarium mindestens 72 Stunden lang bei 25 °C behandelt, wie oben beschrieben ist. Nach Ablauf der Zeit setzt man die Fische in das zweite Aquarium um. Das Stammaquarium wird nun geleert und mindestens drei Tage lang trocken stehen gelassen, das Zubehör gründlich desinfiziert. Das Filtermaterial muß man auskochen oder wegwerfen. Am fünften Tag nach der ersten Behandlung werden die Fische im zweiten Becken der zweiten Behandlung unterzogen, damit auch Würmer, die aus Eiern schlüpfen, welche an den Kiemen hängengeblieben sind, abgetötet werden. Zwischenzeitlich richtet man das Stammaquarium wieder ein. Nach Abschluß der zweiten Behandlung können die Fische wieder in ihr Stammaquarium umgesetzt werden. Diese Methode bietet die höchste Wahrscheinlichkeit auf dauerhaften Erfolg. Allerdings wird aufgrund der positiven Ergebnisse von Flubenolbehandlungen dieses Medikament vermutlich das Masoten in den nächsten Jahren ersetzen.

Herrlicher blaugründiger Diskusfisch, der sich in einem Aquarium mit dunklem Bodengrund wohlfühlt.

Gefahrenhinweis: Masoten und Neguvon sind giftig beim Verschlucken und Einatmen des Pulvers. Es darf nicht in die Hände von Kindern gelangen. Bei Unwohlsein ist ein Arzt aufzusuchen. Dem Arzt ist der Beipackzettel vorzulegen.

Flubendazol (Flubenol 5 % ®)

Dieses Medikament wird schon seit fast 10 Jahren mit großem Erfolg in der Aquaristik eingesetzt. Ursprünglich wurde die Anwendung von Bassleer, 1983, zuerst beschrieben. Hier wird empfohlen, das Lösungsmittel DMSO (Dimethylsulfoxid) zu verwenden, damit das nicht in Wasser lösliche Medikament seine Wirkung entfalten könne. DMSO ist die einzige Chemikalie, die nach Angabe des Herstellers den Wirkstoff Flubendazol wirklich löst. Trotz der hohen Durchdringungsfähigkeit und der langen Präsenz im Aquarium ist mit einmaliger Anwendung von 7 Tagen Dauer keine sichere Wirkung auf die Eier der Würmer gegeben. Nachteilig ist der üble Geruch, der den Aquarien noch wochenlang entströmt. Es ist noch nicht sicher geklärt, ob sich DMSO negativ auf den Organismus der Fische auswirkt.

Vorsicht: DMSO darf auf keinen Fall mit der menschlichen Haut in Berührung kommen. Lassen Sie sich von Ihrem Apotheker über die Gefahren aufklären. Aufgrund der unterchiedlichen Qualität des Wassers in den verschiedenen Aquarien sowie des Leitungswassers und der darin enthaltenen Umweltgifte können negative Nebenreaktionen nicht ausgeschlossen werden.

Zur Anwendung nimmt man 200 mg Flubenol 5 % für je 100 Liter Wasser in ein Glas (keinen Kunststoff verwenden) und schüttet für je 100 Liter Wasser 10 ml DMSO hinzu, Man schwenkt das Glas, bis eine milchige Suspension entsteht, und verteilt diese dann sofort in dem Aquarium.

Da DMSO bei Hautkontakt der Gesundheit schadet, und weil nicht bekannt war, daß ein Lösungsmittel für den Erfolg der Behandlung nicht notwendig ist, wurde schon seit einigen Jahren versucht, andere Lösungsmittel zu finden. Von mir durchgeführte Behandlungen mit Aceton waren erfolgreich. Aceton ist jedoch kein Lösungsmittel für Flubendazol, wie häufig behauptet wird, sondern hilft, das Medikament fein zu suspendieren. Es sorgt für eine sehr feine Verteilung des Wirkstoffes. Durch eine kräftige Belüftung wird das Aceton teilweise aus dem Wasser wieder ausgetrieben. Den Rest verarbeiten Bakterien. Trotz allem ist die Anwendung von Aceton riskant, da es bei einem relativ niedrigen Sauerstoffgehalt des Aquarienwassers zu einer Massenvermehrung von Bakterien kommt. Diese zehren innerhalb von Stunden den Sauerstoff des Wassers auf. In der Folge trübt sich das Wasser, und schleimige, graue Bakterienbeläge entstehen an der Dekoration und an den Innenseiten der Schläuche. Auch eine Erhöhung des Nitritwertes ist möglich. Dabei können die Fische aufgrund des Sauerstoffmangels, und weil die Bakterien die Kiemen verkleben, ersticken. Von der Anwendung von Aceton in eingerichteten Aquarien und solchen mit Riesel- und Mehrkammerfiltern ist unbedingt abzuraten. Besser ist es, die Fische im Quarantänebecken in frisch angesetztem Wasser und kräftiger mechanischer Filterung und starker Belüftung zu behandeln. Während der Behandlung ist das Becken in kürzeren Zeitabständen zu kontrollieren. Bei Wassertrübung, und wenn die Fische Sauerstoffmangel zeigen, ist die Behandlung abzubrechen. Die Fische sind in ein Aquarium mit sauberem Wasser umzusetzen.

Weitere Behandlungen im Herbst 1989 in drei großen Zuchtanlagen mit mehreren hundert Diskusfischen haben ergeben, daß der Behandlungserfolg nicht vom Lösungsmittel abhängt, sondern daß bei

Dieser gesunde Diskusmann ist durch stetige abwechslungsreiche Fütterung zu einem wahren Riesendiskus geworden. Gerade Kreuzungsvarianten können eine beachtliche Größe erreichen.

einer längeren Anwendung des Medikamentes ohne Lösungsvermittler Kiemenwürmer und Nematoden im Darm auch sicher bekämpft werden. Man kann das Medikament als Suspension in Wasser möglichst unter Umrühren in das Aquarium geben, damit es sich in der großen Wassermenge schnell verteilt. Negative Nebenwirkungen konnten bisher noch nicht beobachtet werden. Während der Behandlungen haben die Fische abgelaicht und völlig gesunde Bruten großgezogen. Die Behandlung führt man zwei bis drei Wochen lang durch. Man gibt im Abstand von 7 Tagen nach einem großen Wasserwechsel die Normaldosis von 200 mg je 100 Liter in das Wasser. Zur Anwendung schüttet man die abgewogene Menge des Medikamentes in ein verschließbares Glas und füllt es halb voll mit Aquarienwasser. Dann schüttelt man das Glas bis das Medikament vollkommen in eine milchige Suspension übergegangen ist. Diese verteilt man dann sofort, und zwar bevor sich das Pulver im Glas wieder absetzen kann, im Aquarium. Es ist sinnvoll, dafür zu sorgen, daß die Verteilung möglichst gleichmäßig im Wasser erfolgt. Vor jeder Nachbehandlung soll ein größerer Wasserwechsel durchgeführt werden. Während der Behandlung soll das Wasser durch zusätzliche Belüftung in Bewegung gehalten werden.

Für die Erfolgskontrolle muß man sich etwas Zeit lassen, da die Wirkung des Medikamentes sehr langsam erfolgt. Es blockiert nämlich die Aufnahme gewisser Nährstoffe im Darm der Würmer, so daß diese, je nach Nährstoffreserven, im Laufe der Behandlung verhungern. Bei Kiemenwürmern dauert das zwischen 10 und 12 Tagen, bei Nematoden im Darm zwischen 10 und 20 Tagen ab Behandlungsbeginn. Bisher ist die Wirkung bei Kiemenwürmern und Nematoden des Darmes der Gattung Capillaria und Familie Oxyuridae weitestgehend gesichert. Camallanus sp. konnte ebenfalls mehrere Male erfolgreich bekämpft werden. Bei manchen Camallanus-Behandlungen war jedoch eine wesentlich längere Anwendungszeit notwendig. Eine Wirkung auf Flagellaten und andere Einzeller besteht mit Sicherheit nicht. Der Erfolg einer einmaligen Flubenolbehandlung ist auch bei der Anwendung von DMSO unsicher, wenn sich ein Kiesboden im Aquarium befindet. Zwischen dem Kies befindliche Eier werden von dem Medikament kaum erreicht, und die schlüpfenden Larven infizieren die Fische nach Abschluß der Behandlung wieder. Die Langzeitbehandlung ohne Lösungsmittel hilft in eingerichteten Aquarien besser, da während der langen Behandlungszeit fast alle Eier ausschlüpfen. Möglicherweise kann eine Wiederholung der Behandlung nach einigen Monaten erforderlich sein.

Zu bemerken ist noch, daß manche Arten von Planarien durch Flubenol 5 % abgetötet werden. Auch das dauert 2 bis 3 Wochen ab Behandlungsbeginn. Planarieneier werden häufig mit Tiefkühlfutter eingeschleppt, so daß es zu einer Reinfektion des Aquariums kommen kann. Außerdem ist in Becken mit Bodengrund der Erfolg aus den voran genannten Gründen unsicher.

Achtung: Viele Schneckenarten (insbesondere Apfelschnecken) sterben bei der Anwendung von Flubenol 5 % innerhalb weniger Stunden auch dann, wenn die Anwendungsdosis wesentlich geringer ist. Bedenken Sie bitte, daß tote Schnecken das Wasser belasten und vergiften können. Große Schnecken sind unbedingt vor der Behandlung zu entfernen.

Die für die Fische schonendste Methode, Nematoden im Darm zu bekämpfen, ist die Anwendung von Flubenol 5 % im Futter. Man gibt pro 100 g Medizinalfutter 100 Milligramm Flubenol 5 % zu und vermischt es gründlich. Das Futter wird fünfmal jeden zweiten Tag gegeben, also insgesamt zehn Tage lang. An diesen Tagen füttert man nur einmal. Im Laufe der zweiten Woche nach Behandlungsbeginn findet man mit dem Mikroskop die abgestorbenen Würmer in Kotproben. Nach Ablauf von drei Wochen ab Behandlungsbeginn kann der Erfolg der Behandlung durch mikroskopischen Nachweis, daß die Wurmeier im Kot nicht mehr vorhanden sind, bestätigt werden. Da aber die Fische am Bodengrund liegengebliebene Eier mit dem Futter wieder aufnehmen, ist eine Reinfektion nach einigen Wochen möglich. Man kann die Behandlung im Abstand von mehreren Monaten wiederholen. Besser ist aber, regelmäßig Kotproben mit dem Mikroskop zu untersuchen und nur dann eine Behandlung durchzuführen, wenn man Eier von Darmwürmern gefunden hat. Kiemenwürmer können durch die orale Gabe von Flubenol 5 % nicht bekämpft werden.

Nifurpirinol (Aquafuran) und Nitrofurantoin (Nitrofurantoin retard-ratiopharm ®)

Aquafuran ist vor zwei Jahren auf den Markt gekommen. Es enthält den Wirkstoff Nifurpirinol. Aquafuran wird von der Firma Aquarium Münster, Pahlsmeier GmbH hergestellt und vertrieben. Es ist im Zoohandel erhältlich. Das Medikament hat eine sehr gute Wirkung bei äußeren und inneren bakteriellen Infektionen. Die Dosierung ist der beiliegenden Gebrauchsanweisung zu entnehmen.

Nitrofurantoin wird in der Humanmedizin gegen bakterielle Infektionen der Niere und Blase verwendet. Es ist ebenfalls ein Furan. Der reine Wirkstoff ist von der Firma Ratiopharm GmbH in Gelatinekapseln zu 100 mg in Apotheken erhältlich. Als Dosis nimmt man den Inhalt einer Kapsel auf 40 Liter Wasser. Das Filtermaterial ist vor der Anwendung auszuspülen und Mulm abzusaugen. Das in den Kapseln enthaltene gelbe Pulver gibt man ohne die Gelatinehülle in ein Glas mit warmem Wasser und schüttelt es kräftig, bis sich alles Pulver in Schwebe befindet. Dann schüttet man es in das Aquarium und spült das Glas mit Aquarienwasser, das man danach wieder in das Becken gibt, aus. Nach 5 Tagen wird ein Wasserwechsel durchgeführt und die Reste über Kohle ausgefiltert. Bei Bedarf kann die Behandlung auf 14 Tage ausgedehnt werden.

Als Alternative kann man in 100 g Medizinalfutter den Inhalt von drei Kapseln Nitrofurantoin (300 mg) mischen und dieses neun Tage lang morgens und abends füttern.

Trimethoprim, Sulfamethoxazol (Cotrimstada ® forte, Borgal ® Lösung 7,5 %)

Beide Medikamente enthalten die gleichen Wirkstoffe, Trimethoprim und Sulfamethoxazol. In der Kombination haben die beiden Wirkstoffe eine bessere Wirksamkeit auf Bakterien als jeder für sich. Leider werden die Erreger bald resistent, so daß zwischen zwei Anwendungen ein halbes Jahr vergehen muß. Man gibt eine Tablette Cotrimstada ® forte auf 80 Liter Wasser. Zeigt sich nach zwei Tagen keine Besserung, kann unter regelmäßiger Beobachtung der Fische die gleiche Dosis nachgegeben werden. Die Dosis für Borgal Lösung beträgt 15 ml auf 100 Liter Wasser. Die

Diskusquarantäneaquarien benötigen keine Einrichtung. Bei mehreren Fischen ist es aber günstig, einige Tonsteine oder Tonvasen als Abgrenzungen hineinzustellen.

Anwendung erfolgt in einem Quarantänebecken mit Belüftung und mechanischer Filterung. Die Fische bleiben 3 bis 5 Tage in dem Bad.
Auf 100 g Futter kann man eine halbe zu Pulver zerstoßene Tablette Cotrimstada ® forte mischen und drei Tage lang morgens und abends verfüttern.

Chloramphenicol (Substanz)

Chloramphenicol ist ein Antibiotikum mit sehr breitem Wirkungsspektrum, das schon seit mehr als zwei Jahrzehnten erfolgreich in der Aquaristik eingesetzt wird. Man wendet es in einer Dosis von 15 mg/l an. Das Aquarium kann eingerichtet sein, da dabei jedoch auch die nützlichen Bakterien in Bodengrund und Filter abgetötet und empfindliche Pflanzen geschädigt werden können, ist es sinnvoller, die Behandlung in einem Quarantänebecken durchzuführen. Absterbende Bakterien können das Wasser vergiften, daher ist das Filtersubstrat vor der Behandlung zu reinigen. Die abgewogene Menge des weißen Pulvers gibt man in ein Glas und füllt es halb voll mit lauwarmen Wasser. Man rührt, schwenkt oder schüttelt so lange, bis das Pulver suspendiert ist. Dann verteilt man die Suspension auf der Wasseroberfläche und spült das Glas im Aquarium aus. Nach 3 Tagen wird das Medikament durch Wasserwechsel und Filterung über Aktivkohle aus dem Wasser entfernt.

Zur Beschleunigung der Wirkung bei akuten Fällen oder bei besonders schweren Fällen kann man Chloramphenicol mit höherer Dosis anwenden. Das darf auf keinen Fall im Aquarium geschehen, sondern muß in einem separaten Behälter durchgeführt werden. Die Dosis beträgt 40 Milligramm Chloramphenicol (Reinsubstanz) pro einem Liter Behandlungswasser. Da sich Chloramphenicol nur langsam in Wasser löst, kann man es in etwas Aethylalkohol (Ethanol) vorlösen. Dazu gibt man die benötigte Menge der Substanz in ein Glas und tropft, unter stetem Schwenken des Glases, den Alkohol zu, bis das Medikament völlig in eine klare Lösung übergegangen ist und sich keine Kristalle mehr am Boden des Glases befinden. Man benötigt nur wenig mehr Alkohol als Chloramphenicol-Pulver. Die Behandlung darf nur in einem kleineren Becken ohne Filterung und mit kräftiger Belüftung durchgeführt werden. Das Becken wird mit möglichst sterilem Wasser gefüllt (abgekochtes Wasser oder Leitungswasser, kein Aquarienwasser verwenden). Nach dem Anpassen der Wasserwerte werden die erkrankten Fische eingesetzt. Dann

Schöne Studie eines flächigen Brillanttürkis-Männchen.

gibt man sofort die Chloramphenicol-Lösung ins Behandlungsbecken. Die Fische bleiben 20 bis 24 Stunden in dem Bad. Hat sich ihr Zustand bis dahin nicht gebessert, so wird auch die Verlängerung der Behandlung keinen Erfolg bringen. Es kommt sehr oft vor, daß das Behandlungswasser aufgrund starker Vermehrung von Bakterien schnell trübe wird. Das führt zu einer Sauerstoffzehrung im Wasser, an der die Fische ersticken können. Die Fische müssen deshalb rechtzeitig in frisch angesetzte Behandlungslösung umgesetzt werden. Behandlungsbecken, in denen das Wasser auf diese Art und Weise trübe wurde, müssen nachher sehr gründlich mit heißem Wasser ausgewaschen und sterilisiert werden (z.B. mit Kaliumpermanganat oder Isopropylalkohol, wie unten beschrieben).

Für die orale Anwendung mischt man in 100 g des Medizinalfutters 500 mg Chloramphenicol. Man kann es bei hoher Temperatur einmischen, da Chloramphenicol dabei nicht zerstört wird.

Tetracyclin Hydrochlorid (Substanz)

Auch das Antibiotikum Tetracyclin findet schon lange in der Aquaristik Anwendung. Man wendet es in einer Dosis von 1 g auf 100 Liter Wasser an. Wenn sich das Wasser rötlich verfärbt, spätestens aber nach 4 Tagen, muß das Medikament durch Wasserwechsel und Kohlefilterung entfernt werden. Empfindliche Pflanzen werden geschädigt. Das Filtermaterial muß vor der Anwendung gut ausgespült oder durch Schaumstoff oder Watte ersetzt werden. Die Bakterien im Wasser und Filter sterben ab. In einem gesonderten Behälter kann Tetracyclin in verstärkter Dosis von 100 mg/l über 24 Stunden angewendet werden.

Zum Verfüttern gibt man auf 100 g Medizinalfutter 750 mg reines Tetracyclinhydrochlorid oder 15 g Terramycin-Hen ® der Fa. Pfizer ®. Das ist ein speziell für die Verfütterung entwickeltes Medikament, das 5 %

In Quarantäneaquarien können Diskusfische auch paarweise gehältert werden. Trennwände aus Plastikrahmen, die mit Kunststoffgaze bespannt sind, sind hierfür ideal.

Cichliden lieben Versteckplätze und Höhlen. In solch eingerichteten Aquarien fühlen sie sich wohl. Bei Krankheitsbehandlungen sind voll eingerichtete Aquarien aber immer problematisch.

Oxytetracyclinhydrochlorid enthält und dem noch Vitamine beigemischt sind.

Neomycinsulfat (Substanz)

Neomycinsulfat erhält man in Apotheken. Es ist das ideale Antibiotikum zur Behandlung von bakteriellen Infektionen der Haut und des Darmes, weil es vom Organismus nicht resorbiert wird. Darum wirkt es nicht bei Infektionen der inneren Organe. Zur Behandlung von bakteriellen Infektionen der Haut und Kiemen wendet man den Wirkstoff als Bad in einer Dosis von 2 g auf 100 Liter Wasser an. Der Einsatz des Medikamentes erfolgt in einem gesonderten Behälter mit Belüftung und mechanischer Filterung drei bis fünf Tage lang. Die Anwendung im eingerichteten Aquarium ist riskant, da viele Bakterienarten in Bodengrund und Filter bei der Behandlung absterben.

Achtung: Nach einer vorangegangenen Behandlung mit DMSO kann Neomycinsulfat nur nach einem vollständigem Wasserwechsel angewendet werden. Selbst Reste von DMSO können in Verbindung mit Neomycinsulfat zu Vergiftungen führen.

Von Bakterien verursachte Darminfektionen kann man mit Medizinalfutter bekämpfen, in das 250 mg Neomycinsulfat auf 100 g Futter gemischt werden. Es wird drei Tage lang täglich dreimal verfüttert.

Leider wird den Antibiotika immer wieder eine Wunderwirkung gegen alle möglichen Parasiten angedichtet. Die meisten wirken jedoch ausschließlich auf Bakterien. Außerdem werden die Erreger bei wiederholter Anwendung eines Antibiotikums resistent, so daß eine weitere Anwendung völlig sinnlos ist. Sie bringt keinen Erfolg mehr.

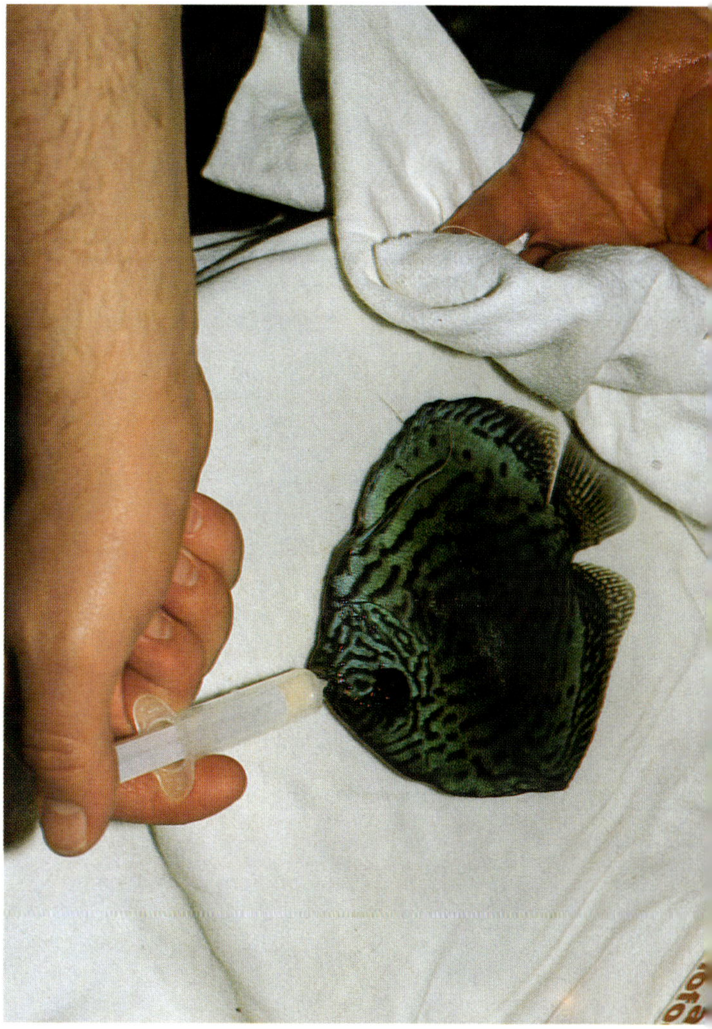

Medikamente können mit einer Spritze und einem dünnen Silikonschlauch direkt in den Fischmagen eingespritzt werden. Die Behandlung muß auf einem feuchten und weichem Tuch erfolgen. Die Dosierung ist ungenau.

Das Medizinalfutter

Die Anwendung eines Medizinalfutters hat den Vorteil, daß das Wasser nicht belastet wird und Medikamente im Aquarium benutzt werden können, die als Bad nicht anwendbar sind. In der Teichwirtschaft und bei der Zucht von Speisefischen in Aquakultur ist es ganz selbstverständlich, Medizinalfutter zu verwenden. Anhand des folgenden Rezeptes kann der Aquarianer sein Medizinalfutter selbst herstellen und im Aquarium anwenden. Die Anwendung erfordert allerdings etwas Fingerspitzengefühl. Die im Text genannten Dosen für das Futter sind in einer mittleren Konzentration angegeben. Diese wird von den meisten Fischen vertragen. Dabei ist zu erwarten, daß gefräßige Fische eine Überdosis abbekommen, während Fische, die wenig fressen, eine Unterdosis zu sich nehmen. Es versteht sich von selbst, daß dieses Futter nur dann anwendbar ist, wenn die Fische überhaupt noch fressen. Zunächst benötigt man eine mittelgroße Blechdose mit nicht allzu hohem Rand, die man in einem flachen Topf im Wasserbad gut erhitzen kann. Gut geeignet sind die im Lebensmittelhandel erhältlichen Blechdosen mit gesalzenen Erdnüssen. In eine solche Dose gibt man 50 ml kaltes Wasser und 1 g Agar-Agar Pulver. Nun stellt man die Dose in das Wasserbad und erhitzt unter stetem Umrühren bis auf etwa 80 °C. Dann rührt man 50 g eines Fleischbreies (siehe S. 75, Band I) langsam ein und achtet darauf, daß die Temperatur nicht abfällt. Wenn alles zu einer homogenen Masse vermengt ist, nimmt man die Dose aus dem Wasserbad und läßt die Mischung auf etwa 50 °C abkühlen. Dann rührt man zügig das Medikament ein und kühlt das Futter danach sehr schnell ab. Das ist wichtig, da manche Medikamente die hohen Temperaturen schlecht vertragen. Das Futter ist im Kühlschrank drei Tage lang haltbar. Tiefgekühlt ist es nur kurzzeitig lagerbar. Es soll jedoch nicht länger, als für die Behandlungszeit notwendig, eingefroren bleiben. Durch das Gefrieren verliert das Futter an Festigkeit und eine erneute Erwärmung mindert die Wirkung vieler Medikamente. Es ist besser, das Futter im Abstand von drei Tagen jedesmal frisch herzustellen. Man sollte den Fischen das Futter ohne ein Medikament in regelmäßigen Zeitabständen verfüttern, damit sie es im Ernstfall gewöhnt sind und es nicht verweigern.

Zwangsverabreichung von Medikamenten

Die Zwangsfütterung von Fischen mittels eines in den Rachen eingeführten Schlauches erfordert großes Sachverständnis und birgt ein hohes Verletzungsrisiko. Benötigt wird dazu eine kleine Einwegspritze ohne Nadel und ein dünner, weicher Silikonschlauch (z.B. Ventilschlauch für Fahrradventile), der auf den Nadelstutzen gestülpt wird. Der Schlauch soll etwa eineinhalb mal so lang sein wie die gedachte Linie von den Lippen bis zu dem hinteren Rand des Kiemendeckels. Die Luftschläuche aus der Aquaristik sind ungeeignet, da sie zu fest sind und harte Ränder haben. Zunächst stellt man sich ein Trägermedium her, das keine groben Bestandteile haben darf. Diese würden die vordere Öffnung der Spritze schnell verstopfen. Ein Fleischbrei (siehe S. 75, Band I) ist aus diesem Grund dazu nicht geeignet. Besser ist es, Flockenfutter zu Pulver zu zerstoßen oder eins der im Zoohandel erhältlichen Aufzuchtfutter in Pulverform für Jungfische zu nehmen. Zu 2 ml diesen Pulvers gibt man das erforderliche Medikament und verrührt es mit einer kleinen Menge Wasser zu einem dünnen Brei. Auch das Medikament wird, wenn es in Tablettenform vorliegt, vor dem Mischen zu einem feinen Pulver zerstoßen. Der Brei wird bei herausgezogenem Kolben von hinten in die Spritze eingefüllt und danach der Kolben wieder eingesetzt. Zur Verabreichung nimmt man den Fisch aus dem Wasser und schlägt ihn, genau wie beim Nehmen von Abstrichen, in ein feuchtes, temperiertes Tuch ein (siehe S. 28). Die folgende Prozedur soll nicht länger als drei Minuten dauern, bis der Fisch wieder ins Wasser gesetzt wird. Nun nimmt man die Spritze zur Hand und führt den Schlauch langsam durch die Mundöffnung in den Rachen ein, bis die Schlauchspitze den Schlund berührt (Bild Nr. 70). Jetzt drückt man langsam auf den Kolben der Spritze, damit der Futterbrei durch den Schlauch herausgepreßt wird. Einen Teil des Breies schluckt der Fisch. Es ist darauf zu achten, daß nicht zuviel Brei herausgepreßt wird, weil dieser sonst dem Fisch die Kiemen verklebt. Darum drückt man mehrmals nur kleine Mengen durch den Schlauch an den Schlund des Fisches. Da auch bei dieser Methode keine Kontrolle der aufgenommenen Menge besteht, ist die Dosierung äußerst unsicher.

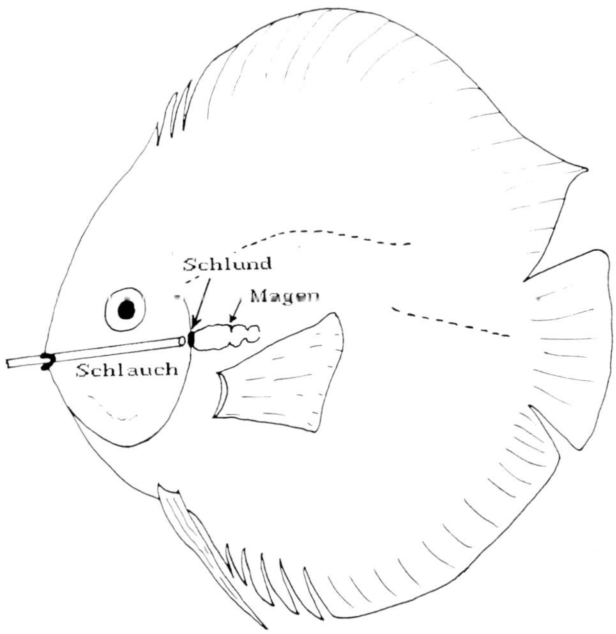

Bild Nr. 70: Lage des Schlauches bei der Zwangsfütterung.

Man nimmt für eine Spritzenfüllung von 2 ml 25 bis 50 % der Dosis, die für 100 g Medizinalfutter angegeben ist.

Die Desinfektion von Aquarien

Ist in einem Aquarium eine Seuche ausgebrochen, die nicht zu behandeln war, und an der ein großer Teil des Besatzes oder alle Fische gestorben sind, sollte das Aquarium sicherheitshalber desinfiziert werden, bevor man neue Fische kauft. Die totale Desinfektion des Beckens ist der sicherste Schutz gegen eine Neuinfektion. Die Pflanzen müssen leider vernichtet werden. Dann räumt man das Aquarium vollständig aus, säubert es gründlich und füllt es mit sauberem Wasser randvoll auf. Es dürfen keine Schmutz- oder Mulmreste mehr vorhanden sein. Nun gibt man soviel Kaliumpermanganat in das Wasser, bis eine tiefviolette Lösung entsteht, in die man höchstens 15 cm hineinsehen kann. Alle Zubehörteile werden gereinigt und so in die Lösung gebracht, daß sich keine Luft in ihrem Inneren befindet. Den Filter läßt man ohne Füllung mitlaufen.

Das Filtersubstrat und der Kies des Bodengrundes werden entweder weggeworfen oder ausgekocht. Das Material muß ohne Anwärmzeit mindestens eine Stunde lang gekocht werden. Das Aquarium bleibt mindestens drei Tage mit der Lösung stehen. Die oberen Ränder der äußeren Flächen des Aquariums kann man mit Isopropylalkohol, wie im folgenden Abschnitt beschrieben, desinfizieren. Nach dieser Zeit wird das Aquarium, der Kies und alles Zubehör noch einmal gründlich ausgewaschen und wieder in das Becken eingebracht. Filter und Aquarium benötigen nun mindestens 6 Wochen zum Einlaufen. Diese Zeit brauchen die nützlichen Bakterien, um sich zu einer wirksamen Menge zu vermehren. Durch die Zugabe von Filterschlamm aus einem eingefahrenen Filter kann die Einlaufzeit verkürzt werden.

Das Quarantänebecken muß immer dann desinfiziert werden, wenn darin eine Krankheit aufgetreten ist, die nicht sicher behandelt werden konnte. Da kein Bodengrund vorhanden ist, kann das Aquarium mit Isopropylalkohol desinfiziert werden. Das ist einfacher in der Durchführung und genauso wirksam wie die Desinfektion mit Kaliumpermanganat. Man kauft den Isopropylalkohol in 70 %iger Konzentration in Apotheken. Die Desinfektionswirkung ist bei 70 %igem Alkohol stärker als bei 100 %igem Alkohol. Zur Anwendung wird das völlig geleerte Aquarium möglichst ins Freie oder direkt an ein geöffnetes Fenster geräumt. Es muß vollständig getrocknet sein. Den 70 %igen Isopropylalkohol füllt man in eine Sprühflasche mit Zerstäuberdüse, die normalerweise zum Befeuchten von Pflanzen dient. Nun besprüht man gründlich alle inneren Flächen des Aquariums und läßt sie wieder vollständig trocknen. Der Vorgang wird noch zweimal wiederholt, dann ist alles völlig steril.

Nach der Desinfektion sind alle behandelten Teile mit sauberem Wasser abzuwaschen. Teile, die auf diese Art nicht behandelbar sind, werden in einem Eimer mit Kaliumpermanganat desinfiziert.

Gefahrenhinweis: Diese Desinfektionsmethode darf auf keinen Fall in geschlossenen Räumen und Heizungsräumen angewendet werden. Alkohol ist leicht entzündlich und bildet explosive Dämpfe mit dem Sauerstoff der Luft. Es darf sich kein offenes Feuer und keine brennende Zigarette am Arbeitsplatz befinden. Die Dämpfe sollen nicht eingeatmet werden. Kommt auch nur eine geringe Menge des Alkohols in ein benachbartes Aquarium, so entwickeln sich in kurzer Zeit große Mengen von Bakterien, die das Wasser trüben. Das kann zu einem Sauerstoffmangel führen, an dem die Fische ersticken können. Die desinfizierten Aquarien müssen gründlich mit klarem Wasser ausgewaschen werden.

Erkrankungen der äußeren Organe

Erkrankungen von Haut und Kiemen

Die Schleimhaut

Die Schleimhaut ist für den Organismus der Fische ein robuster Schutzmantel gegen die lebenswidrigen Anfechtungen der Außenwelt. So wird bis zu einem gewissen Maß sehr wirkungsvoll das Eindringen giftiger Chemikalien verhindert. Auch die meisten Bakterien und Pilze vermögen nicht in die gesunde Schleimhaut einzudringen oder sich an ihr zu vermehren. Die gesunde Schleimhaut ist nur eine sehr dünne Schicht von Zellen, die über den Schuppen liegt. Schleimzellen produzieren und sondern den Hautschleim ab, der die Oberfläche der Zellschicht auskleidet. Im Normalfall ist das, wie schon erwähnt, so wenig, daß man bei einem Hautabstrich nur ganz geringe Materialmengen erhält. Bleibt an dem Spatel viel Schleim hängen, liegt eine bedenklich verstärkte Schleimabsonderung vor. Durch die mikroskopische Untersuchung des Schleimes kann die Ursache herausgefunden werden. Erschwert wird das durch die vielen Bakterien und Ciliaten, welche sich am Fisch in dem sich zersetzenden Schleim schnell ansiedeln. Hier ist es wichtig, die gefährlichen von den harmlosen Lebewesen unterscheiden zu können. Viele Ciliaten siedeln sich nur deshalb auf der geschädigten Schleimhaut an, weil sie dort ihre Nahrung, die hauptsächlich aus Bakterien besteht, im Überfluß vorfinden. Aber auch die Bestandteile zerstörter Hautzellen werden angenommen. Der Befall durch die Ciliaten führt zu weiteren Reizungen der Haut, die Schleimzellen sondern noch mehr Schleim ab. Die Belastung streßt den Fisch, seine Abwehrkraft wird geschwächt, was wieder zu erhöhter Vermehrung der Parasiten führt. Ein Kreislauf entsteht, der sich immer weiter hochschaukelt, wird dem nicht Einhalt geboten. Darum ist es wichtig, mehrere Abstriche zu nehmen und diese genau mit dem Mikroskop zu untersuchen. Eine genauere Diagnose kann man stellen, wenn man einen toten Fisch zur Verfügung hat, an dem man schonungslos arbeiten kann. Dieser darf jedoch gerade erst gestorben oder getötet worden sein.

Kiemen- und Hautwürmer

Die im allgemeinen als Kiemen- oder Hautwürmer bezeichneten parasitären Hakenwürmer zählen zu den monogenen Saugwürmern. Sie leben ektoparasitisch auf der Haut oder den Kiemen von Fischen. Die unterschiedlichen Arten sind sehr organspezifisch. Das heißt, daß Kiemenwürmer nur in einzelnen Exemplaren auf der Haut zu finden sind und Hautwürmer sich selten auf die Kiemen verirren. Es gibt lebendgebärende und eierlegende Saugwürmer. Systematisch sind die Arten in zwei Ordnungen getrennt, die lebendgebärenden Gyrodactylidea und die eierlegenden Dactylogyridea. Für die Behandlung kann es wichtig sein, diese zu unterscheiden. Je nach Art erreichen die länglichen, abgeplatteten Würmer Größen zwischen 0,1 und 20 Millimetern. Im Aquarium sind jedoch nur selten Arten anzutreffen, deren Größe über einem Millimeter liegt.

Möchte man die Hakenwürmer eines Aquarienfisches genau erkennen, so reicht eine Lupe nicht mehr aus, man benötigt ein Mikroskop. Die verschiedenen Arten der beiden Ordnungen sind sehr ähnlich gebaut und für den Laien nicht einfach zu unterscheiden. Darum soll hier nur auf die auch von dem Laien erkennbaren Unterschiede der beiden Ordnungen eingegangen werden. Um einzelne Würmer zu gewinnen, kann man eine Kiemenspülung durchführen. Das so erhaltene Wasser gibt man in ein unten spitz zulaufendes Glas und wartet einige Minuten. Dann können mit einer dünnen Saugpipette die in der Spitze des Glases angesammelten Würmer mit ganz wenig Wasser abgenommen werden. Ebenso kann man mit den Kiemenbögen eines gerade gestorbenen Fisches verfahren. Man muß nur länger warten, da die Würmer sich erst in den folgenden Stunden von den Kiemenblättern lösen. Wie auf S. 25 beschrieben, fertigt man ein Präparat an. Je nach Größe der gefundenen Würmer sind ab 200facher Vergrößerung Einzelheiten des Wurmkörpers gut zu erkennen.

Zuerst fällt dem Betrachter das mit Haken bewehrte Hinterende auf. Hier sind in einer etwas vom restlichen Körper abgesetzten Haftscheibe die zwei oder vier Zentralhaken zu erkennen. Um diese herum, am Rand der Haftscheibe, sieht man erst bei genauerem Hinschauen eine Reihe kleiner Randhaken. Je nach Art können es bis zu 16 Stück sein. Am entgegengesetzten Ende kann man, wenn der Wurm sich streckt, kleine Zipfelchen erkennen. In sie münden Haftdrüsen, die ein klebriges Sekret absondern. Mit diesem Kopforgan können die Würmer sich festhalten, wenn das Hinterende zur Fortbewegung gelöst wird. Durch abwechselndes Lösen von Kopf und Fuß können sie sich nach der Art von Spannerraupen auf der Schleimhaut der Fische fortbewegen. Hinter dem Haftorgan des Kopfes sind zwei bis vier schwarze Flecken erkennbar. Das sind Ansammlungen von lichtempfindlichen Zellen, mit denen eine gewisse Lichtwahrnehmung möglich ist. Die Würmer können damit hell und dunkel unterscheiden. Das ist für die schwimmfähigen Larven der eierlegenden Würmer der Ordnung Dactylogyridea wichtig, um einen neuen Wirt finden zu können. Die lebendgebärenden Würmer der Ordnung Gyrodactylidea besitzen diese Augenflecken nicht.

Schaden entsteht den Fischen durch das Einstechen der großen Haken in die Schleimhaut. Das kann zu Sekundärinfektionen führen, z.B. einem Befall durch Bakterien oder Pilze. Aber auch ohne Sekundärinfektion entsteht bei einem Befall durch Kiemenwürmer eine Reizung des Kiemenepithels, die zu einer Verschleimung der Kiemenblätter führt . Diese können in der Folge so zusammenkleben, daß die Wasserdurchströmung behindert wird. Die Fische sterben dann an Sauerstoffmangel. Zu erkennen ist dieses Endstadium der Krankheit daran, daß die Fische stark „hechelnd" unter der Wasseroberfläche stehen. Prinzipiell bietet ein Aquarium aufgrund des begrenzten Lebensraumes ideale Bedingungen für alle Parasiten, also auch für Kiemen- und Hautwürmer. Zum Glück sind diese jedoch in hohem Maße wirtspezifisch und es kommt selten vor, daß die zusammengehörige Wurm- und Fischart in einem Aquarium zugleich vorkommt. Nur auf der Fischart, an die sich eine Wurmart angepaßt hat, kann sie sich unter Aquarienbedingungen so sehr bei optimaler Hälterung der Fische vermehren, daß dem Wirt ein ernsthafter Schaden entsteht. Leider sind die Kiemenwürmer der Diskusfische solche artspezifischen Parasiten. Weiter unten wird eigens darauf eingegangen. Auf artfremden Fischen können Kiemen- und Hautwürmer zwar leben, sich jedoch nicht in solchem Maße vermehren, daß ernsthafte Schäden entstehen. Darum können alle Fischarten zu Überträgern der Würmer werden. In der Praxis kann das wie folgend beschrieben ablaufen.

Ein Diskusliebhaber kauft sich Antennenwelse oder Schmetterlingsbuntbarsche, die, bevor sie im Verkaufsbecken feilgeboten wurden, mit Diskusfischen vergesellschaftet waren. An ihnen leben einzelne Exemplare der diskusspezifischen Kiemenwürmer, ohne daß es den Fischen anzusehen ist. Werden die Fische nach der Quarantänezeit in das Diskusbecken umgesetzt, infizieren die Würmer die Diskusfische und können sich an ihnen schnell vermehren, da sie ihren artspezifischen Wirt gefunden haben.

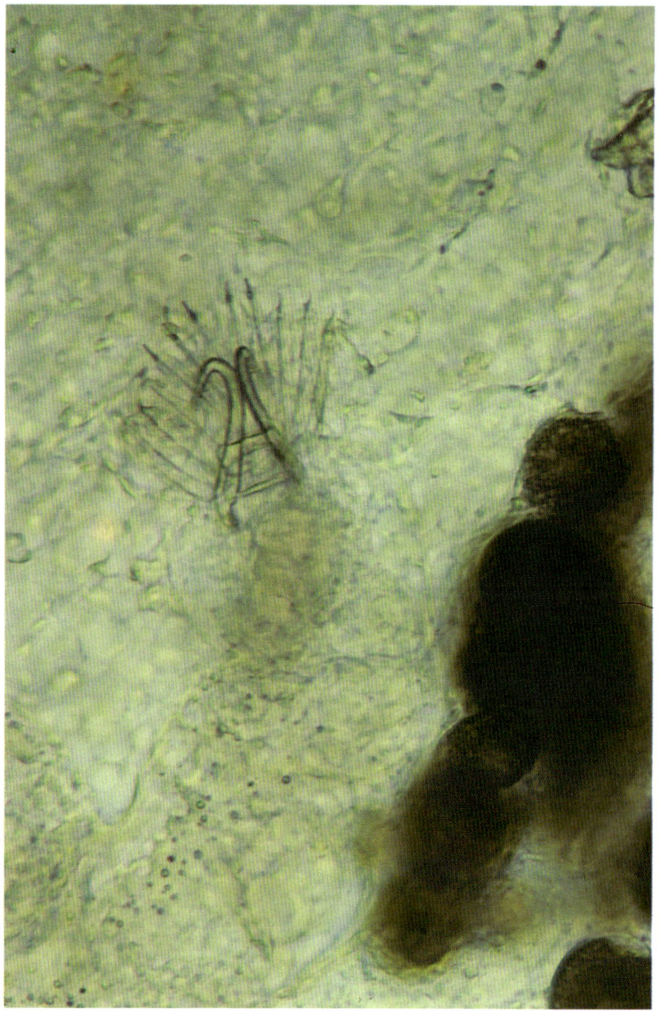

Bild Nr. 71: Hinterende von Gyrodactylus sp. mit Zentralhaken und Randhaken. Mikroskop Vergr.: 256×, Abb. Vergr.: 320×

Darum ist es sinnvoll, alle Fische, die in eine wurmfreie Zuchtanlage gesetzt werden sollen, während der Quarantänezeit vorbeugend gegen Würmer zu behandeln. Im anderen Fall kann man sonst leicht eine Diskusbrut verlieren. Da die Überträgerfische nicht im geringsten davon betroffen sind und sich auch dann bester Gesundheit erfreuen, wenn die Diskusfische sterben, vermutet man nicht, daß sie die Ursache waren. Glücklicherweise werden erwachsene Diskusfische nicht so stark betroffen, da sie Abwehrkräfte gegen die Kiemenwürmer entwickeln.

Ordnung Gyrodactylidea

Ein seuchenartiges Ausbreiten von monogenen Saugwürmern der Ordnung Gyrodactylidea ist trotz der theoretisch sehr hohen Vermehrungsrate dieser lebendgebärenden Würmer aufgrund ihrer Wirtspezifität im Aquarium nur sehr selten gegeben. In unseren Breiten treten hauptsächlich Saugwürmer der Gattung Gyrodactylus als Parasiten von Kaltwasserfischen auf. Sie sind 0,2 bis 1,2 mm lang. Manchmal werden sie mit Lebendfutter in das Aquarium eingeschleppt. Die Fische scheuern sich dann ab und zu und in Hautabstrichen kann man vereinzelte Exemplare finden. Die Diagnose erfolgt durch Mikroskopieren der Abstriche bei 50- bis 100facher Vergrößerung. Vermehren sich die Würmer auf den Aquarienfischen, so ist das ein Zeichen, daß die Fische aufgrund schlechter Haltung oder aber durch andere Krankheiten geschwächt sind.

Die Würmer parasitieren hauptsächlich auf der Haut und weniger auf den Kiemen. Die Haftscheibe am hinteren Ende enthält zwei große Zentralhaken und 16 kleine Randhaken (Bild Nr. 71). Das Vorderende ist zweizipflig. In die zwei Kopfzipfel münden die Kanäle von vier Haftsekret erzeugenden Drüsen. Den Gyrodactylus fehlen die lichtempfindlichen Augenflecke vollständig. Die hohe Vermehrungsrate an artspezifischen Wirten erreichen die zweigeschlechtlichen Würmer durch die Fähigkeit, täglich ein Junges zu gebären. Unter idealen Bedingungen kann sich die Zahl der Würmer täglich verdoppeln. Das wird durch einen biologischen Trick ermöglicht, in jedem Tier sind 4 Generationen vereint. Das im Uterus befindliche Jungtier enthält selbst einen Fötus, in dem sich wiederum ein Embryo befindet. Im mikroskopischen Präparat sind die Zentralhaken des größten Embryos bei 200- bis 300facher Vergrößerung deutlich zu sehen.

Bei sehr starkem Befall weisen die Fische eine fleckige Haut auf, die blaugrauen Schleim absondert. Die Bekämpfung kann mit Masoten erfolgen. Man dosiert 0,5 mg pro Liter Aquarienwasser bei einer Temperatur von höchsten 25 °C (Hinweise S. 42 beachten). Eine einmalige Gabe reicht aus, da alle Generationen gleichzeitig abgetötet werden. Auch Flubenol 5 % wirkt sicher auf die lebendgebärenden Kiemen- und Hautwürmer.

Ordnung Dactylogyridea

Hakenwürmer dieser Ordnung treten überwiegend an den Kiemen auf. Seltener sind sie an der Haut oder den Flossen zu finden. Sie sind hochgradig wirtspezifisch. Viele Arten werden zwischen einem und zwei Millimeter lang. Im Aquarium kommen jedoch nur selten so große Dactylogyrusarten vor. Sie bleiben meistens wesentlich kleiner als ein Millimeter, die kleinsten sind nur 0,1 mm lang.

Hat man von einigen Exemplaren ein mikroskopisches Präparat angefertigt, so kann man bei 50- bis 100facher Vergrößerung einzelne Würmer beobachten. Auch hier fällt die Haftscheibe am hinteren Ende der Würmer sofort ins Auge. Bei der Gattung Dactylogyrus enthält sie 2 große Zentralhaken und 14 kleine Randhaken (Bild Nr. 72). Andere Gattungen können mehr oder weniger Randhäkchen haben. Das Vorderende ist vierzipflig. Jeder Zipfel enthält Haftdrüsen, die ein klebriges Sekret absondern, wenn sich der Wurm mit dem Vorderende an der Schleimhaut anheften will (Bild Nr. 73 und 74). Durch das Einstechen der Haken in das Kiemenepithel wird die Schleimhaut gereizt und zur Wucherung angeregt. Die Mengen von Schleim verkleben die Kiemenblätter und behindern den Wasserdurchfluß und dadurch die Sauerstoffaufnahme. Eine seuchenartige Ausbreitung ist nur dann möglich, wenn die „passenden" Fische und Würmer in einem Aquarium zusammenkommen. Dies wurde bisher nur bei Diskusfischen beobachtet. Mit zunehmendem Alter entwikkeln die Fische Abwehrkräfte gegen die Hakenwürmer. Ein Gleichgewicht zwischen Wirt und Parasit stellt sich ein. Es leben dann zwar immer einige

Bild Nr. 72: Dactylogyrus sp., von einem Koi entnommen. Mikroskop Vergr.: 63×, Abb. Vergr.: 70×

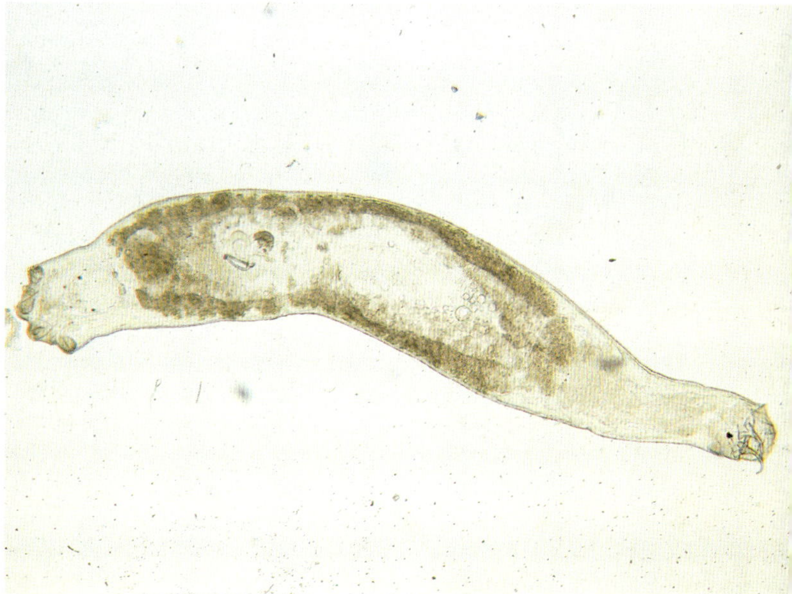

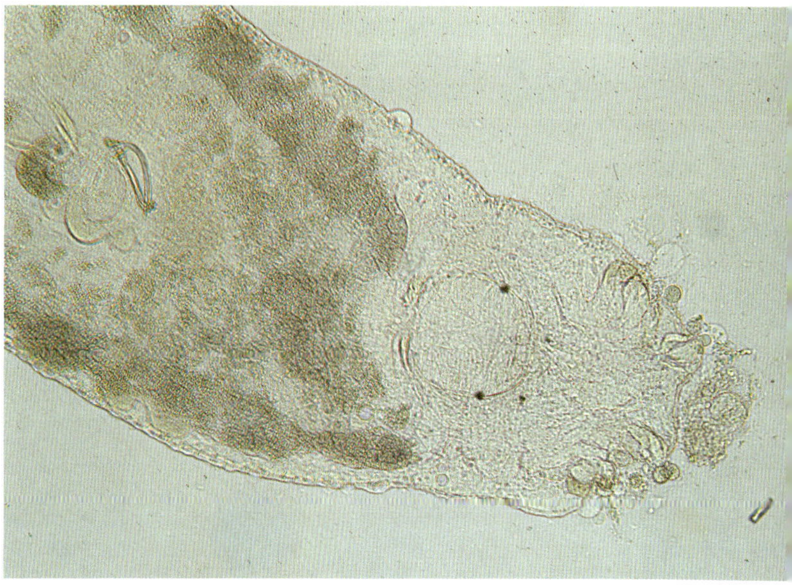

Bild Nr. 73: Vorderteil des Dactylogyrus sp. von Bild Nr. 72 mit Kopfhaftorgan und vier kleinen Augenflecken. Mikroskop Vergr.: 160×, Abb. Vergr.: 180×

Exemplare an ihnen, diese können sich aber nur vermehren, wenn die Fische durch schlechte Wasserwerte oder eine andere Krankheit geschwächt sind.

Stark befallene Jungfische schwimmen zunächst unruhig und bleiben im Wachstum zurück. Im Endstadium stehen sie hechelnd unter der Wasseroberfläche und ersticken schließlich. Die Kiemendeckel werden häufig abgespreizt. Ein einseitiges Abspreizen von Kiemendeckeln ohne stetige heftige Atmung läßt dagegen nicht die Diagnose von Kiemenwürmern als primäre Ursache zu. Aber auch wenn die Fische bei heftiger Atmung die Kiemendeckel abspreizen, kann dieses Krankheitsbild von anderen Erregern hervorgerufen werden. Darum sollte auf jeden Fall eine mikroskopische Untersuchung durchgeführt werden, bevor man sich zur Behandlung entschließt. Die Bekämpfung kann durch zweimalige Gabe von Masoten oder mit Flubenol 5 % erfolgen (Anwendung: S. 42 und 46).

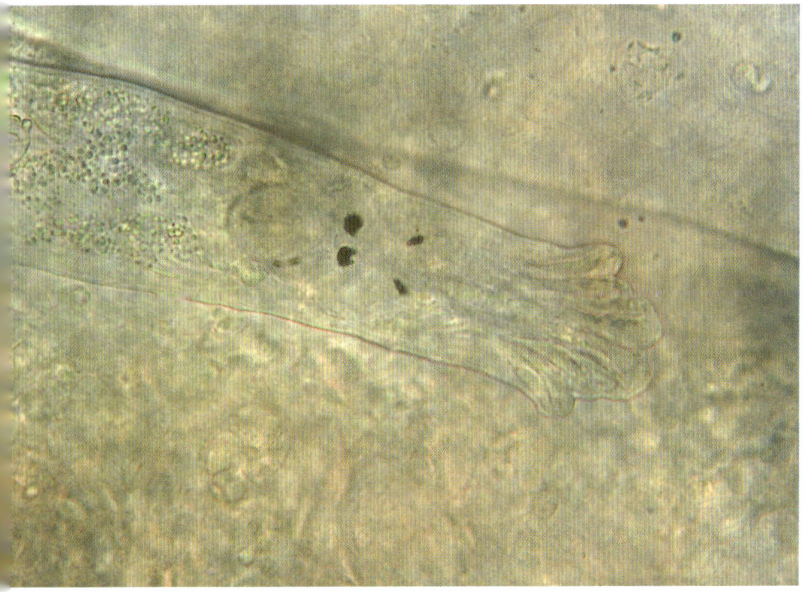

Bild Nr. 74: Vorderteil des diskusspezifischen Dactylogyrus sp. mit größeren Augenflecken.
Mikroskop Vergr.: 640×, Abb. Vergr.: 750×

Abgefallene Exemplare können 4 bis 8 Tage am Bodengrund überleben. Schwimmt ein Fisch vorbei, so beginnen sie sich zu winden und zu strecken, so daß der Fisch nach ihnen schnappt und sich infiziert. Das ist jedoch der seltenere Weg der Übertragung.

Die Dactylogyridea vermehren sich mittels Eiern. Mitunter findet man Würmer, die ein großes Ei im Inneren tragen. Nach gegenseitiger Begattung der zweigeschlechtlichen Würmer reift in jedem ein Ei heran. Manche Arten haben eine hohe Eiproduktion. Die Eier sind etwa 50 Mikrometer groß und besitzen an einem Ende einen kleinen Auswuchs, der das Rudiment eines Haftfadens ist (Bild Nr. 75). Nur wenige Eier bleiben damit an der Fischhaut oder den Kiemenblättchen hängen. Die meisten fallen zu Boden und entwickeln sich dort. Nach wenigen Stunden schlüpfen schwimmfähige Larven aus den Eiern. Sie müssen innerhalb von 10 Stunden einen Wirt finden, sonst sterben sie. Die vier schwarzen Augenflecken sind von Anfang an entwickelt, so daß sie gezielt durch Unterscheidung von hell und dunkel auf Fische zuschwimmen und sich an ihnen festheften können. In den folgenden Tagen wandern die Larven auf der Schleimhaut zu den Kiemen, wo sie ihre Entwicklung beenden (Bild Nr. 76). Je nach Wassertemperatur und Art erlangen sie ihre Geschlechtsreife nach 3 bis 8 Tagen. Zur Diagnose kann auch ein Hautabstrich direkt hinter den Kiemendeckeln genommen werden. Sind die Fische in bedenklichem Maße infiziert, dann finden sich bei 300- bis 400facher Vergrößerung mehrere Larven der Kiemenwürmer im Präparat.

Die Kiemenwürmer der Diskusfische

Wie schon mehrmals erwähnt, haben sich hier artspezifischer Wirt und Kiemenwurm gefunden. In zwei Jahrzehnten konnten sich die Kiemenwürmer in

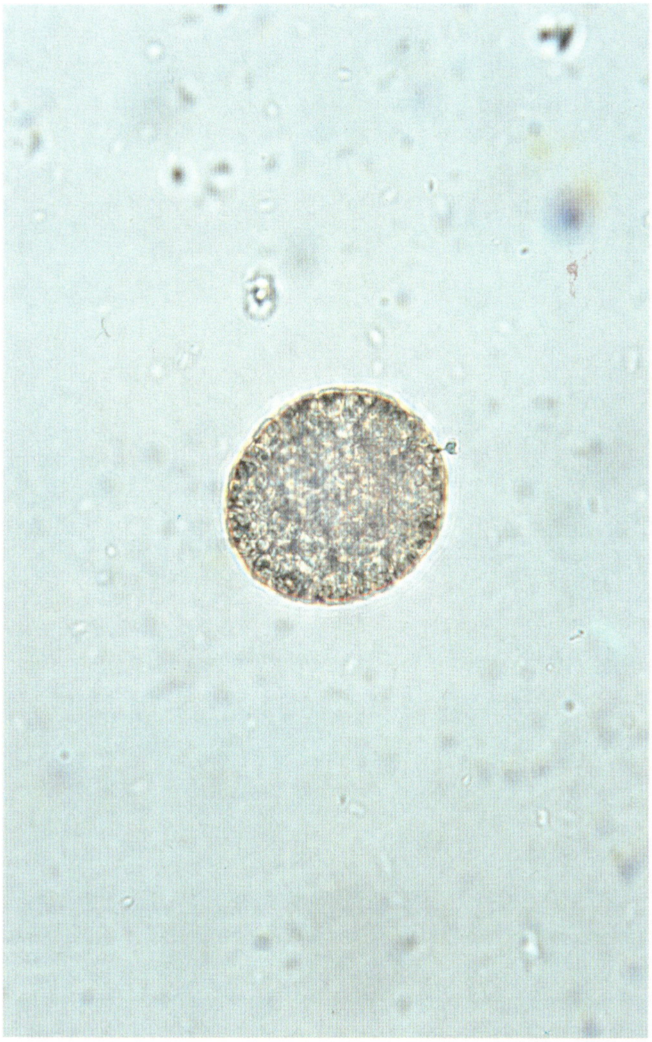

Bild Nr. 75: Ei eines Dactylogyrus sp. mit Rudiment eines Haftfadens.
Mikroskop Vergr.: 500×, Abb. Vergr.: 700×

den deutschen und ausländischen Zuchtanlagen ausbreiten (Bild Nr. 77). Daß dies trotz der häufig durchgeführten Bekämpfungsmaßnahmen möglich war, beruht auf dreierlei Ursachen. Erstens hat diese Wurmart eine hohe Widerstandsfähigkeit gegen alle Chemikalien und Medikamente. Zweitens wurde in vielen Fällen überaltertes und somit wirkungsloses Masoten zur Behandlung eingesetzt. Die Anwendung von Masoten ist auf Seite 42 beschrieben. Drittens sind gesunde erwachsene Diskusfische kaum betroffen, da sie aufgrund ihrer Abwehrkräfte zwar mehrere Exemplare der Würmer beherbergen, aber nicht von ihnen geschädigt werden. Darum sieht man den erwachsenen Tieren nicht an, daß sie befallen sind. Erst bei Verschlechterung der biologischen und chemischen Verhältnisse im Aquarium, oder wenn die Fische durch eine andere Krankheit geschwächt sind, läßt die Abwehrkraft gegen die Würmer nach, so daß diese sich vermehren können.

Die diskusspezifischen Kiemenwürmer gehören der Familie Dactylogyridea an, Gattung und Art sind noch nicht näher bestimmt. Als Haupterkennungsmerkmal gelten die vier Zentralhaken, die paarweise durch zwei dicke Bögen miteinander verbunden sind (Bild Nr. 78). Bei 400facher Vergrößerung sind sie gut sichtbar. Im Unterschied dazu hat die Gattung Dactylogyrus nur zwei Zentralhaken. Am Rand der Haftscheibe befinden sich 14 kleine Randhaken. Hinter dem vierzigpfligen Vorderende sind die vier schwarzen Augenflecken zu erkennen (siehe Bild Nr. 77). Die mittlere Größe der Würmer beträgt 0,15 mm im zusammengezogenen und 0,4 mm im ausgestreckten Zustand. Die Zentralhaken sind 33 Mikrometer lang.

Die jungen Diskusfische werden in der Regel schon in den ersten Lebenswochen infiziert, wenn sie noch von der Schleimhaut der Eltern leben. Aber auch andere Fischarten kommen als Überträgerwirte in Frage. Selbst wenn die Fische in einem Becken allein le-

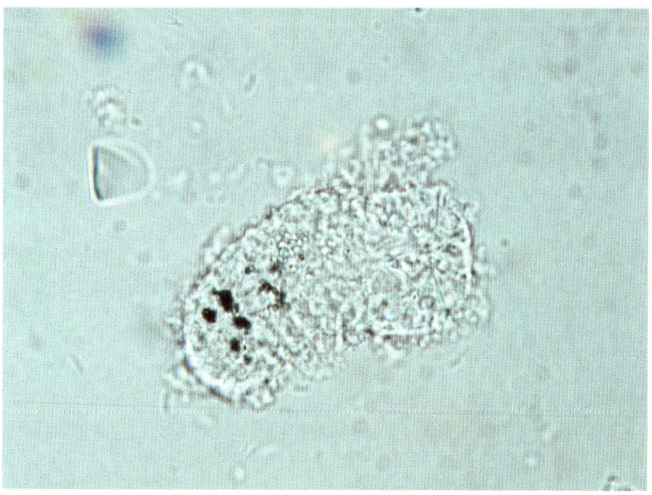

Bild Nr. 76: Gerade aus dem Ei geschlüpfte Dactylogyruslarve.
Mikroskop Vergr.: 630×, Abb. Vergr.: 675×

Bild Nr. 77: Diskusspezifischer Dactylogyrus sp.
Mikroskop Vergr.: 400×, Abb. Vergr.: 520×

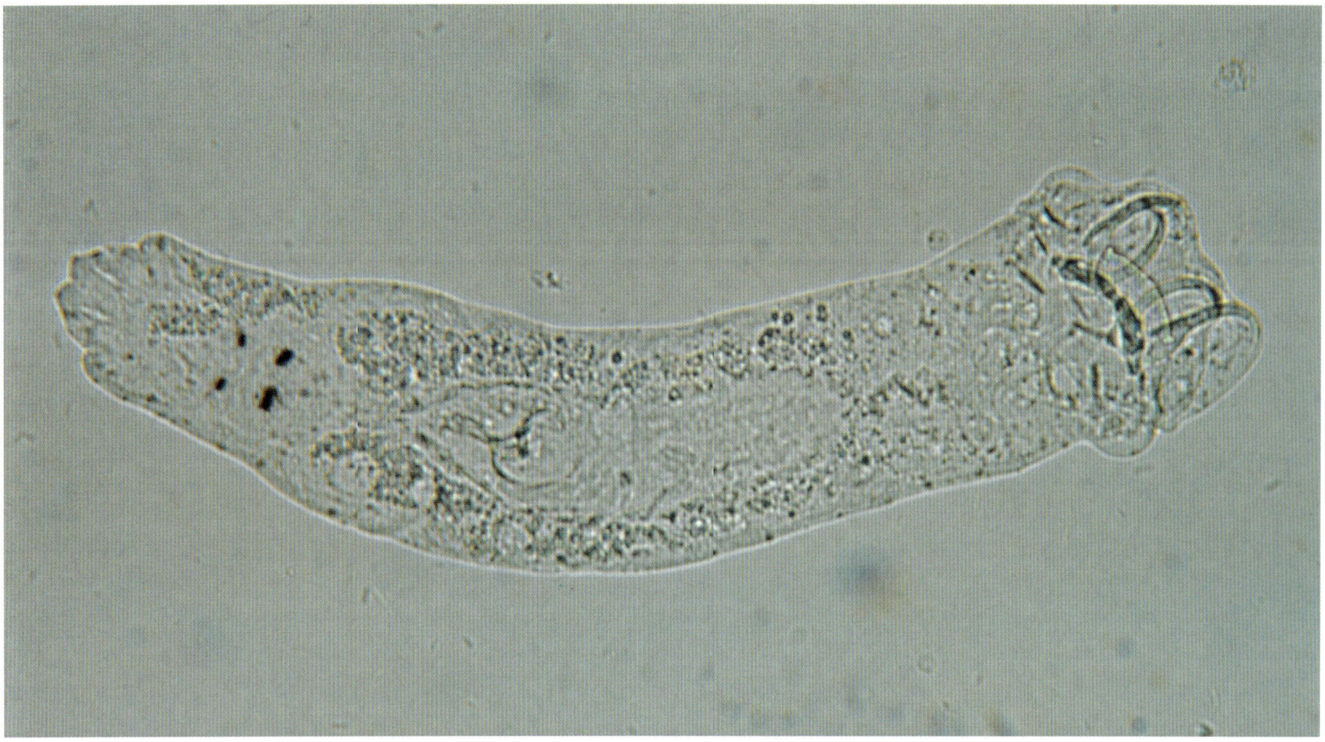

ben, können die Larven der Kiemenwürmer über einen Zentralfilter von anderen angeschlossenen Aquarien übertragen werden. Es dauert dann drei bis fünf Wochen, bis sich die Würmer so sehr vermehrt haben, daß das Verhalten der Fische beeinträchtigt wird. Auch wachsen die infizierten Fische in dieser Zeit langsamer. Von nun an nimmt die Anzahl der Kiemenwürmer rapide zu. Viele Fische des Schwarmes stehen mit abgespreizten Kiemendeckeln schnell atmend unter der Wasseroberfläche. Eine schnelle Reaktion ist nun angebracht, sonst sterben alle kleinen Diskusfische in den nächsten Tagen. Sind die Elterntiere gesund und kräftig, zeigen sie selbst jetzt keine beschleunigte Atmung. Schwam-

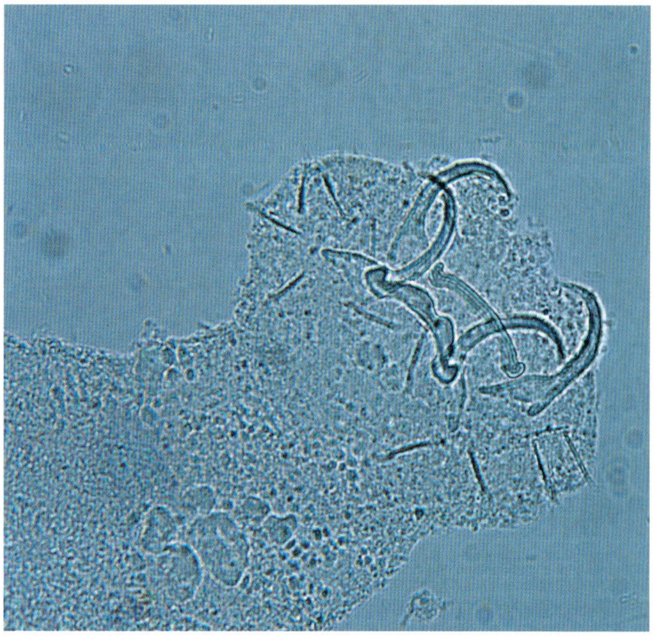

Bild Nr. 78: Charakteristisches Erkennungszeichen für die diskusspezifischen Dactylogyrus sp. sind die durch zwei Bögen paarweise miteinander verbundenen vier Zentralhaken.
Mikroskop Vergr.: 630×, Abb. Vergr.: 630×

men die Jungfische bisher im Aquarium der Eltern, so sind sie zuerst in ein eigenes Aquarium umzusetzen. Dort werden sie gleich mit Masoten oder Flubenol 5 % behandelt. Die Widerstandsfähigkeit stellt sich meistens im 4. bis 6. Lebensmonat ein. Es ist fraglich, ob Diskusfische eine Widerstandsfähigkeit entwickeln können, wenn sie nie mit den Würmern konfrontiert werden. Möglicherweise sind die Fische dann um so stärker betroffen, wenn man sie aus einer kiemenwurmfreien Zuchtanlage in eine infizierte Anlage umsetzt.

Haut- und Kiemenflagellaten

Viele Aquarianer und Züchter wissen, daß Flagellaten im Blut und Darm der Fische vorkommen und dort Beschwerden verursachen können, die den gesamten Organismus in Mitleidenschaft ziehen. Daß es jedoch auch Flagellaten gibt, die auf der Schleimhaut leben und ernsthafte Erkrankungen auslösen, ist manchem immer noch unbekannt. Mitunter sind die Namen der Erreger bekannt, können aber systematisch nicht zugeordnet werden. Typische Beispiele dafür sind die Flagellatengattungen Costia und Oodinium.

Costia necatrix und ähnliche Species

Costia necatrix wird wegen der Zellform, die der Parasit annimmt, wenn er frei schwimmt, auch der „kleine bohnenförmige Hauttrüber" genannt. Costia ist ein reiner Parasit, der ohne Fisch in Abhängigkeit von der Wassertemperatur nur etwa 30 Minuten bis eine Stunde überleben kann. Das ist gerade genug, um von einem Fisch zum anderen zu wechseln. Außerdem ist er ein Schwächeparasit, der von gesunden Fischen gut vertragen wird. Nur an geschwächten Fischen können sich die Flagellaten so stark vermehren, daß sichtbare Schleimhautveränderungen

Bild Nr. 79: Durch Costia auf dem Transport verursachte Hautschäden.

und -schäden auftreten. Bei massivem Befall kann die Haut stellenweise völlig zerstört werden, so daß sie dort blutunterlaufen und gerötet erscheint. Das wurde schon als Sekundärerscheinung bei der neuen Diskuskrankheit oder bei längerem Transport in engen Beuteln über mehrere Tage beobachtet. Gerade die langen Transporte und Zwischenhälterungen im Herkunftsland setzen Diskusfische unter starken Streß, so daß ihre Abwehrkraft erlahmt. Werden sie dann zum Versand in Beutel gepackt, vermehren sich die schon in Mengen vorhandenen Costia sp. explosionsartig. Beim Auspacken im Ankunftsland weisen die Fische dann schon schlimme Schäden an der Haut auf (Bild Nr. 79).

Bild Nr. 80: Costia sp. in der bohnenförmigen Zellgestalt.
Mikroskop Vergr.: 1008×, Abb. Vergr.: 1250×

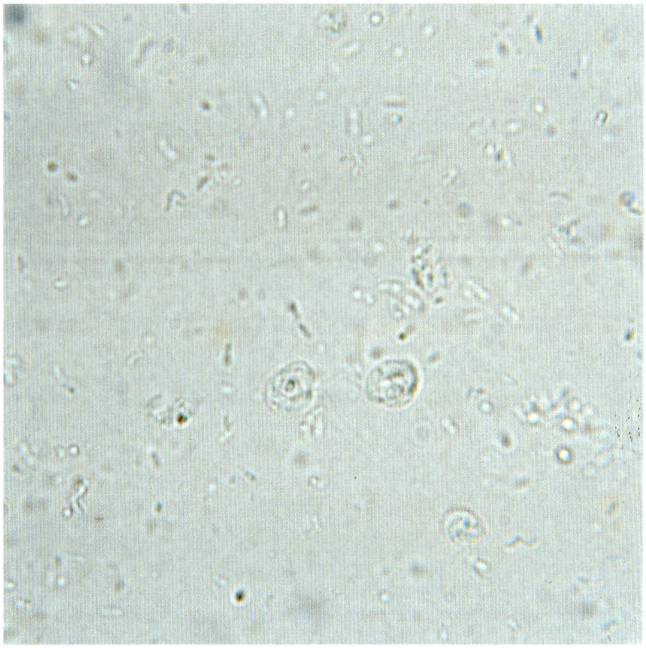

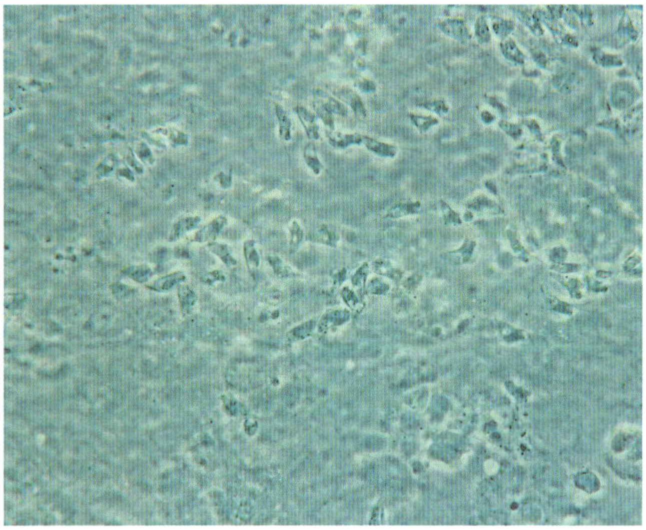

Bild Nr. 81: Am Fisch angeheftet, hat Costia eine längliche Zellgestalt.
Mikroskop Vergr.: 630×, Abb. Vergr.: 630×

Costia necatrix ist ein zweigeißeliger Flagellat mit bohnenförmiger Zellgestalt im freischwimmenden Zustand. Seine Größe beträgt 8 bis 15 Mikrometer (Bild Nr. 80). Die an Diskusfischen vorkommenden Costia sp. sind meist nur 8 bis 10 Mikrometer groß. Zur Diagnose nimmt man einen Schleimhautabstrich und fertigt ein möglichst dünnes Präparat an. Dieses betrachtet man bei etwa 200facher Vergrößerung mit dem Mikroskop. Man kann dann frei schwimmende und an den Schleimhauträndern angeheftete Exemplare sehen. Zur genauen Beobachtung einzelner Exemplare sind Vergrößerungen von 400- bis 600fach notwendig. Nun kann man die längliche, parasitäre Zellform erkennen (Bild Nr. 81). Zum Anheften an der Schleimhaut bildet der Flagellat sein Vorderteil zu einem länglichen Fortsatz, einer Art Stiel, um, an dessen Ende sich eine kleine Haftscheibe befindet. Mit der Haftscheibe kann sich der Parasit auf den Epidermiszellen befestigen. Teile der Haftscheibe dringen in die Zellen ein und nehmen durch einen Zellmund (Cytostom) Plasma der Wirtszelle auf. Die Schleimhautzelle wird dadurch zerstört. Die Parasiten vermehren sich sehr schnell durch Zweiteilung auf der Schleimhaut. Dadurch wird die explosionsartige Vermehrung ermöglicht.

Die an Diskusfischen parasitierenden Costia sp. sind an wesentlich höhere Temperaturen angepaßt als die Kaltwasserformen und können deshalb nicht wie diese durch Erhöhung der Temperatur auf 33 °C bekämpft werden. Bei flächigen Hautwunden ist von einer Behandlung mit Formalin oder Trypaflavin in höherer Dosis abzuraten. Die Medikamente können durch die Wunde in den Organismus gelangen und die Fische vergiften. Eine Behandlung kann mit einer Kombination aus Malachitgrünoxalat (4 mg/100 l) und Trypaflavin (2 mg/l) erfolgen. Die Anwendung von Kochsalz (1 g/15 l bei Härtegraden unter 5° d. H., 1 g/8 l bei 6 bis 12° d. H., und 3 g/10 l bei über 13°

d. H.) hilft ebenfalls gegen Costia necatrix. Sehr wirksam ist eine Dosis von 2 ml Formalin (35 %ig) auf 10 Liter Wasser im Kurzbad in einem gesonderten Behälter. Die Fische müssen dabei unter ständiger Beobachtung stehen. Legen sie sich auf die Seite, ist das Bad abzubrechen. Nach 20 Minuten werden die Fische in einen zweiten Behälter mit medikamentenfreiem Wasser umgesetzt. Nach weiteren 50 Minuten kann man die Fische in das Aquarium zurücksetzen, da in der Zwischenzeit alle Costia sp. in dem Aquarium abgestorben sind. Bitte bedenken Sie, daß die genannten Medikamente umso toxischer wirken, je reiner und unbelasteter das Wasser ist.

Vorbeugende Maßnahmen sind: den Fischen beste Lebensbedingungen zu bieten und neu gekaufte Fische in Quarantäne zu setzen.

Cryptobia branchialis

Cryptobia branchialis, der Kiemenflagellat, wurde schon mehrmals bei Diskusfischen beobachtet. Er sieht den im Darm der Fische lebenden Cryptobiaarten sehr ähnlich (Beschreibung S. 111). Die Kiemen können mit Unmengen Cryptobien befallen sein, bis die Fische eine erhöhte Atemfrequenz zeigen oder sich erkennbar unwohl fühlen. Durch Kiemenspülung gewonnene Proben enthalten meist mehrere der Flagellaten. Eine genaue Untersuchung der Wasserproben ist obligatorisch. Sicherer ist es, einem toten Fisch mehrere Kiemenbögen herauszupräparieren, die Kiemenblätter abzuschneiden und davon Lebendpräparate anzufertigen. Man kann dann bei 100- bis 200facher Vergrößerung die zwischen 14 und 23 Mikrometer großen Cryptobia am Kiemenepithel hängen sehen. Sie führen dabei mit dem freien Ende schlängelnde Bewegungen aus. Auch auf der Schleimhaut von Diskusfischen wurden schon Cryptobia sp. gefunden, die Cryptobia branchialis sehr ähnlich sehen. Eine Massenvermehrung auf der Haut wurde jedoch noch nicht beobachtet.

Die Behandlung kann mit Metronidazol erfolgen, das zweimal drei Tage lang in einem Abstand von 5 Tagen verabreicht wird. Bei den beiden dreitägigen Behandlungen soll die Temperatur um 3 bis 5 °C erhöht werden. Während der fünftägigen Pause senkt man die Wassertemperatur auf Normalwerte ab. Auch HEXA-ex® und Chininhydrochlorid wurden schon erfolgreich eingesetzt.

Nach Reichenbach-Klinke, 1980, wurden auch schon Arten der Flagellatengattung Bodomonas als Kiemenparasiten bei Fischen aus Indien und USA nachgewiesen. Diese erreichen Größen von 15 bis 18 Mikrometer und heften sich mit der Schleppgeißel am Kiemenepithel fest. Sie konnten mit Trypaflavin in einer Dosis von 4 mg/l erfolgreich bekämpft werden.

Oodinium

Bisher sind mehrere Oodiniumarten in See- und Süßwasser beschrieben worden. Die bekannteste und am häufigsten vorkommende Art ist Oodinium pillularis. In Diskus-Aquarien kommt Oodinium pillularis nicht sehr häufig vor, da der Erreger eine Temperatur von über 30 °C schlecht verträgt. Sind Fische davon befallen, so zeigen sie einen samtartigen Belag auf der Schleimhaut, der sich bei genauem Hinsehen in winzige Pünktchen auflöst. Es scheint, als sei der Fisch mit Mehl bestäubt. Bei starkem Befall kann sich die Schleimhaut in Stücken ablösen. Das führt zu sekundären Infektionen und bei großflächigen Hautschäden zum Tod der Fische.

Im Schleimhautabstrich kann man schon bei 50- bis 100facher Vergrößerung die länglich ovalen Erreger erkennen. Sie hängen mitunter dicht gedrängt in unterschiedlich großen Exemplaren an den Rändern der Schuppen zusammen. Die Erreger werden den Dinoflagellaten zugeordnet, sind aber während des

Bild Nr. 82: Oodinium pillularis an der Schleimhaut. Mikroskop Vergr.: 160×, Abb. Vergr.: 175×

parasitären Stadiums an der Schleimhaut fast unbeweglich. Nur während des Schwärmerstadiums bilden sie Geißeln und können sich damit aktiv fortbewegen. Dann kann man sie bei 300- bis 400facher Vergrößerung als Dinoflagellaten erkennen.

Ausgereifte Zellen von Oodinium pillularis erreichen am Fisch Größen von 80 bis 130 Mikrometer. Sie hängen mit dem spitzen, flaschenhalsartigen Ende ihres urnenförmigen Zelleibes fest auf der Schleimhaut. Wurzelähnliche Plasmafäden dienen ihnen zur festen Verankerung in der Schleimhaut (Bild Nr. 82). Mit diesen Ausläufern dringen die Parasiten in die Zellen der Schleimhaut ein und saugen sie aus. Je nach Temperatur, Konsistenz der Schleimhaut und Befinden des Fisches dauert die Wachstumsphase des Erregers zwischen mehreren Tagen und einigen Wochen. Nach Abschluß des Wachstums lösen sich die Parasiten von der Haut und kugeln sich innerhalb weniger Minuten ab. Sie bilden eine gelbliche Cystenshülle, innerhalb derer sich bald darauf eine Teilung vollzieht. Bei günstigen Temperaturen (25 °C) ist diese nach 50 bis 70 Stunden abgeschlossen. Unter 17 °C dauert die Teilungsphase länger als 11 Tage. Die so entstandenen Dinosporen verlassen die Cyste und bilden innerhalb weniger Minuten zwei Geißeln aus. Davon windet sich eine mit dem größten Teil ihrer Länge in einer Ringfurche um die ganze Zelle herum, so daß nur bei hervorragender Auflösung des Mikroskopes das abstehende Ende zu erkennen ist. Charakteristisch für die Dinospore von Oodinium pillularis ist der rote Augenfleck, der ebenfalls nur bei guter Auflösung sichtbar gemacht werden kann. Die Dinosporen haben nur 12 bis 24 Stunden Zeit, einen neuen Wirt zu finden, anderenfalls sterben sie ab. Gelingt es ihnen, sich an der Schleimhaut eines Fischens anzuheften, werfen sie die Geißeln ab und werden zu den bewegungslosen Parasiten. Oft siedeln sich neu ankommende Dinosporen in nächster Nähe von älteren Exemplaren an, so daß man im Abstrichpräparat größte und kleinste Parasiten dicht nebeneinander sehen kann. Mit etwas Geduld kann man mittels eines Mikroskopes am Schleimhautpräparat beobachten, wie sich die Parasiten lösen und abkugeln.

Oodinioides vastator bildet blasenförmige parasitäre Stadien unterschiedlicher Größe auf der Fischhaut und entwickelt verschieden große Dinosporen. Sie werden als Mikro- und Makrosporen bezeichnet. Aufgrund ihrer geringen Größe von 2 bis 3 Mikrometer sind die Mikrosporen nur bei hoher Vergrößerung (600- bis 800fach) und Verwendung eines Mikroskopobjektivs mit hoher Auflösung zu erkennen. Die Makrosporen werden um 8 Mikrometer groß, sind grün oder braun gefärbt und besitzen keinen Augenfleck. Oodinioides vastator ist widerstandsfähiger gegen Medikamente als Oodinium pillularis.

Zur Bekämpfung von Oodinium haben sich die Medikamente aus dem Zoohandel bestens bewährt. Wenn diese in seltenen Fällen keine Besserung bringen, ist zuerst durch mikroskopische Untersuchung von Hautabstrichen sicherzustellen, daß wirklich eine Infektion durch Oodinium vorliegt. Nur dann ist es sinnvoll, Kupfersulfat oder Chininhydrochlorid anzuwenden. Bitte bedenken Sie, daß diese Chemikalien sehr giftig sind.

Die Anwendung von Kupfersulfat darf nur bei einer Wasserhärte von mehr als 10 Grad dH erfolgen. Man stellt zunächst eine Stammlösung aus 1 Liter Wasser, 1 Gramm Kupfersulfat und 0,25 Gramm Zitronensäure her. Sie ist in einer braunen Flasche mehrere Monate haltbar. Von der Stammlösung gibt man 125 ml auf 100 Liter Wasser und dosiert am 3., 5. und 7. Tag die Hälfte nach. Nach zehn Tagen kann die Behandlung beendet werden. Man führt einen größeren Wasserwechsel durch und filtert die Reste über Aktivkohle aus. Sicherer ist die Anwendung von Kupfersulfat, wenn man die Konzentration der Kupferionen alle zwei Tage mittels eines empfindlichen Kupfer-Testsets kontrolliert (z.B. Merck Nr. 14651 oder 14414). Man dosiert vorsichtig gerade soviel der Kupfersulfatlösung nach, daß eine Kupferionenkonzentration von mindestens 0,12 mg/l und höchstens 0,18 mg/l vorhanden ist. Viele Pflanzen leiden unter der Behandlung und können eingehen. Kupfersulfat ist ebenfalls gegen Pilze wirksam.

Chininhydrochlorid wendet man drei Tage lang in einer Dosierung von 1 Gramm auf 100 Liter Wasser an. Empfindliche Fische vertragen die Behandlung eventuell nicht. Es kann nicht im eingerichteten Aquarium verwendet werden, da es nach einiger Zeit zu starker Wassertrübung durch Bakterienentwicklung führt. Das zehrt den Sauerstoff des Wassers, so daß die Fische ersticken. Man behandelt die Tiere darum in einem Quarantänebecken ohne Temperaturerhöhung und mit kräftiger Belüftung. Die Verwendung von sterilem Ausgangswasser zögert die Bakterienvermehrung hinaus. Das Becken ist während der Behandlung häufig zu kontrollieren und bei einsetzender Wassertrübung müssen die Fische in frisch angesetzte Lösung umgesetzt werden. Viele Aquarianer wenden Kochsalz gegen Oodinium an (siehe S. 40). Bei Cichliden ist der Erfolg jedoch umstritten.

Parasitäre Ciliaten

Ichthyophthirius multifiliis

Ichthyophthirius multifiliis kommt im Diskus-Aquarium nur selten vor. Diskusfische können nur befallen werden, wenn die Wassertemperatur längere Zeit bei oder unter 28 °C liegt und die Parasiten mit anderen Fischen in das Aquarium eingeschleppt wurden (Bild Nr. 83). Das ist normalerweise nur in Gesellschaftsbecken gegeben. Ein Befall kann eine gewisse Zeit unentdeckt bleiben, wenn die Diskusfische sich dunkel färben und die Schleimhaut schon verdickt ist. Wird die Krankheit früh erkannt, können durch Temperaturerhöhung auf 32 bis 33 °C die Parasiten wirkungsvoll bekämpft werden. Die Temperatur soll jedoch mindestens 12 Tage erhöht bleiben. An anderen Großcichliden erkennt man den Befall sofort. Da für viele dieser Fische eine derartige Temperaturerhöhung nicht in Frage kommt, ist eine Behandlung mit einem malachitgrünhaltigen Medikament aus dem Zoohandel ratsam.

Bild Nr. 83: Schleimhautablösung aufgrund eines Befalls von Ichthyophthirius sp.

Ichthyophthirius multifiliis ist ein einzelliges Wimpertierchen. Die gesamte Oberfläche der kugelförmigen Zelle ist mit feinen Wimpern bekleidet, die aktiv bewegt werden können und dem Parasiten als Antrieb dienen. Sie ermöglichen eine gute Manövrierfähigkeit im freien Wasser. Die ausgewachsene Zelle kann bis zu 1,5 mm groß werden. Im Lebendpräparat ist bei geringer Vergrößerung der hufeisenförmige Zellkern zu erkennen (Bild Nr. 84). Wenn sich viele Nahrungsvakuolen im Plasma befinden, kann dieses undurchsichtig werden und den Zellkern verdecken. Durch vorsichtiges Andrücken des Deckglases kann man ihn sichtbar machen.

Aufgrund der Größe dieser einzelligen Parasiten dürfte ein aufmerksamer Aquarianer auch eine beginnende Infektion seiner Fische nicht übersehen. Die 0,5 bis 1,5 mm großen weißen Erhebungen auf der Schleimhaut fallen in der Regel sofort auf (Bild Nr. 85). Da Diskusfische sich wie andere Fische schon bei einem geringen Befall zu scheuern beginnen, kann die Diagnose durch eine genaue Untersuchung mit einer Lupe oder durch ein Abstrichpräparat gesichert werden. Bei starkem Befall sehen die Fische wie mit Gries bestreut aus. In diesem Stadium kommt eine Behandlung meist zu spät. Die Haut ist schon so sehr zerstört, daß sie sich in Fetzen abzulösen beginnt. Die Fische sterben.

Die Parasiten befallen die Fische als winzig kleine Schwärmer. Sie bohren sich in die Haut und ernähren sich von den Bestandteilen zerstörter Hautzellen. Die Geschwindigkeit der Entwicklung und des Wachstums der Erreger in der Fischhaut hängt von der Wassertemperatur und vom Gesundheitszustand der Fische ab. Bei einer Erstinfektion durch wenige Schwärmer hemmt die Abwehrkraft der Fische die Entwicklung der Parasiten, sie brauchen etwa 20 Ta-

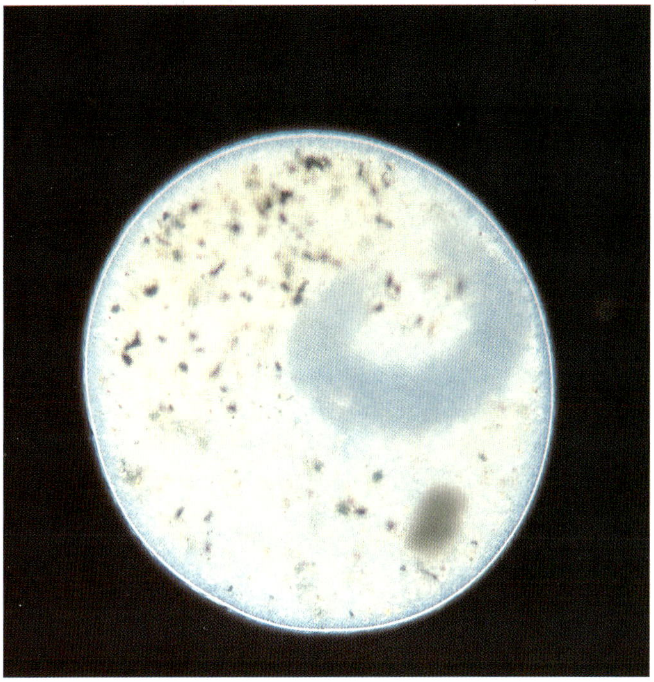

Bild Nr. 84: *Ichthyophthirius sp. mit dem charakteristisch hufeisenförmigen Zellkern.*
Mikroskop Vergr.: 128×, Abb. Vergr.: 135×

Bild Nr. 85: Ein Ichthyophthiriusbefall ist normalerweise nicht zu übersehen.

ge für das Wachstum. Treten dann die Folgegenerationen auf und versuchen Tausende von Schwärmern in die Haut einzudringen, stehen die Fische unter extremem Streß. Die Abwehrkraft läßt rapide nach, und die Parasiten können sich viel schneller entwickeln. Kurz vor dem Tod der Fische dauert die Wachstumsphase sogar nur noch 3 bis 5 Tage.

Zur Vermehrung verläßt der ausgewachsene Einzeller aus eigener Kraft die Schleimhaut seines Wirtes. Er sucht aktiv schwimmend eine ruhige Wasserzone auf, heftet sich an eine Pflanze oder einen Dekorationsgegenstand und umgibt sich mit einer festen Zellhülle. Durch zwei kurz aufeinander folgende Teilungen entstehen vier Quadranten in der Zyste, die sich nun unabhängig voneinander weiterteilen. Nach etwa 24 Stunden sind zwischen 800 und 1200 Schwärmer entstanden, die sich durch die Zystenhülle nach außen bohren. Häufig teilen sie sich im freien Wassser noch einmal. Dann schwimmen sie im Aquarium umher, versuchen an die Haut eines Fisches zu gelangen und sich einzubohren. Gelingt ihnen das nicht innerhalb von 48 Stunden, gehen sie zugrunde. Stirbt ein Fisch an der Krankheit, so verlassen alle Entwicklungsstadien die Schleimhaut. Alle bis auf die kleinsten verkapseln sich und beginnen Schwärmer zu bilden. Die jüngsten Exemplare suchen sich einen gleichgroßen Partner und vollziehen einen Geschlechtsakt, der bei Ciliaten Konjugation genannt wird. Danach trennen sie sich wieder und verkapseln sich, ohne mit der Teilung zu beginnen. Es sind Dauerstadien, die monatelang im Aquarium inaktiv liegen bleiben. In unregelmäßigen Zeitabständen beginnen sie sich zu teilen und einige, wenige Schwärmer zu produzieren, welche die Fische wieder befallen. Fischen, die die erste Infektion überlebt haben macht das wenig aus, da sie Widerstandskräfte erworben haben. An ihnen können sich die wiedererstandenen Parasiten nur dann vermehren, wenn eine Schwächung vorliegt. Werden neue Fische zugesetzt, bricht an diesen die Krankheit aus. Der Pfleger glaubt, die neuen Fische hätten den Ichthio mitgebracht und verdächtigt ungerechterweise den Verkäufer.

Bild Nr. 86: Nicht immer ist ein Befall von Chilodonella deutlich erkennbar, wie hier an der Schwanz- und Rückenflosse.

Zur Bekämpfung von Ichthyophtirius sp. sind alle Malachitgrün enthaltenden Medikamente geeignet. Der Zoohandel verfügt über eine vielfältige Angebotspalette. Die Anwendung von reinem Malachitgrünoxalat ist auf Seite 41 beschrieben. Das Medikament bewirkt ein Ablösen der Erreger vom Fisch und lähmt den Cilienschlag, so daß die Einzeller am Boden des Aquariums zugrunde gehen. Andere Medikamente haben nur eine Wirkung auf die Schwärmer, sie müssen darum eine längere Zeit eingesetzt werden.

Chilodonella sp.

Chilodonella sp. ist ebenfalls ein Ciliat, der jedoch anders als Ichthiophthirius nicht in, sondern auf der Schleimhaut der Fische lebt. Er ist kein reiner Schwächeparasit und kann sich auch an gesunden Fischen vermehren. Normalerweise ist der Erreger nicht in den Aquarien vorhanden, er muß mit Fischen oder durch Übertragung von Wasser eingeschleppt werden. Unter optimalen Verhältnissen im Aquarium dauert die Ausbreitung der Krankheit recht lange. Stehen die Fische jedoch unter Streß durch andere Krankheiten oder schlechte Umweltbedingungen, so können sich die Parasiten wesentlich schneller vermehren. Eine Chilodonella-Infektion äußert sich durch milchig-weiße, runde bis länglich-ovale, trübe Hautstellen von 0,5 bis 3 cm Größe. Diskusfische färben sich dunkel, wobei sich die Hauttrübungen besonders gut abheben (siehe Bild Nr. 63). Bei anderen Fischarten sind die erkrankten Stellen mitunter nur bei genauem Hinsehen zu erkennen, weil die Fische ihre normale Färbung beibehalten (Bild Nr. 86).

Ciliaten der Gattung Chilodonella treten mit mehreren Arten auf. Am bekanntesten ist die Art Chilodonella cyprini, da sie in Fischzuchtteichen häufig auftritt. Aufgrund der charakteristischen Zellform wird Chilodonella der große herzförmige Hauttrüber genannt. Er ist in Abstrichen der befallenen Hautstellen bei 100facher Vergrößerung in größeren Mengen zu finden. Bei 400- bis 600facher Vergrößerung kann man sich den Erreger genauer betrachten. Er hat einen annähernd herzförmigen Zellumriß, was aber nur zu sehen ist, wenn er flach im Präparat liegt (Bild Nr. 87). An Exemplaren, die hochkant im Präparat stehen, kann man sehen, daß die Zelle seitlich stark abgeplattet ist. Chilodonella erreicht Größen von 50 bis 70 Mikrometer und ist an dem einem Füllhorn ähnelnden Zellmund (Cytostom), sowie an den charakteristischen Wimpernreihen zu erkennen. Die Parasiten schädigen die Oberhaut und leben vermutlich von den Resten der zerstörten Hautzellen. Bei sehr starkem Befall kann sich die Schleimhaut stellenweise ablösen. Jungfische leiden stärker unter dem Befall als erwachsene Tiere. Die Parasiten sind sehr beweglich und können aus eigener Kraft von Fisch zu Fisch schwimmen. Ein hoher Beckenbesatz fördert die Aus-

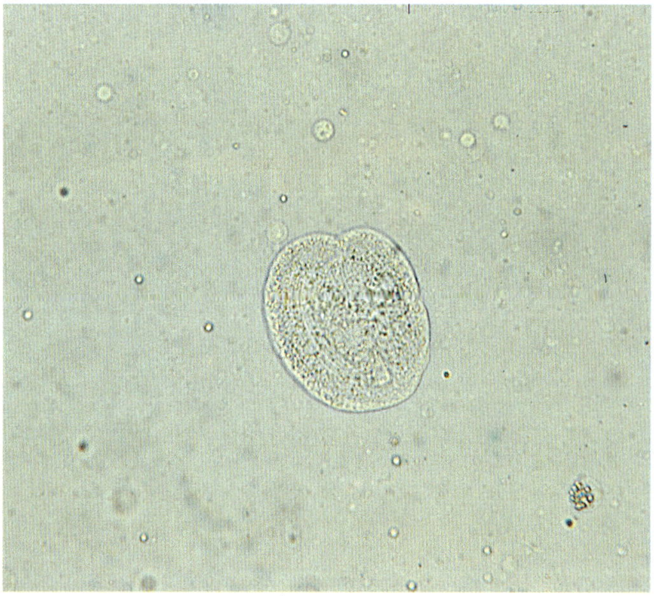

Bild Nr. 87: Chilodonella sp., der herzförmige Hauttrüber. Mikroskop Vergr.: 400×, Abb. Vergr.: 475×

breitung und Vermehrung der Erreger. Die Vermehrung erfolgt durch Zweiteilung an der Schleimhaut der Fische.

Zur Behandlung erkrankter Fische sind Medikamente gegen Ichthiophthirius, die Malachitgrün enthalten, geeignet. Diese sind im Zoohandel erhältlich. Reines Malachitgrünoxalat verwendet man in einer Dosis von 6 mg/100 l und dosiert, je nach Wasserqualität, viermal jeden zweiten oder dritten Tag 3 mg/100 l nach. Die genaue Beschreibung der Durchführung befindet sich auf Seite 41. Vorbeugend können neu gekaufte Fische während der Quarantänezeit mit einem Präparat, das Malachitgrün enthält, behandelt werden (S. 35).

Tetrahymena pyriformis

Tetrahymena pyriformis findet man häufig in sehr stark organisch belasteten Gewässern. Auch im belasteten Wasser stark besetzter Aquarien tritt dieser Ciliat regelmäßig auf. Da er sich von Bakterien ernährt, kann er an der Schleimhaut der Fische nur gefunden werden, wenn diese schon geschädigt ist. Bisher konnte noch nicht nachgewiesen werden, daß Tetrahymena die Schleimhaut der Fische schädigt. Den Fischen ist makroskopisch nichts anzusehen, sie scheuern sich jedoch ab und zu. Nur im Schleimhautabstrich sind bei 100- bis 200facher Vergrößerung vereinzelte Exemplare zu finden. Der Einzeller hat eine annähernd birnenförmige Zellform von 35 bis 90 Mikrometer Größe und vermehrt sich durch Zweiteilung (Bild Nr. 88). An Hautstellen, die durch Bakterien infiziert sind, kann Tetrahymena in großen Mengen auftreten. Kleine Fische klemmen dann die Flossen und beginnen zu schaukeln. Das kann jedoch nicht eindeutig auf den Tetrahymenabefall zurückgeführt werden. Vorbeugend kann empfohlen werden, die Aquarien nicht zu dicht zu besetzen und für optimale Wasserwerte zu sorgen. Die Bekämp-

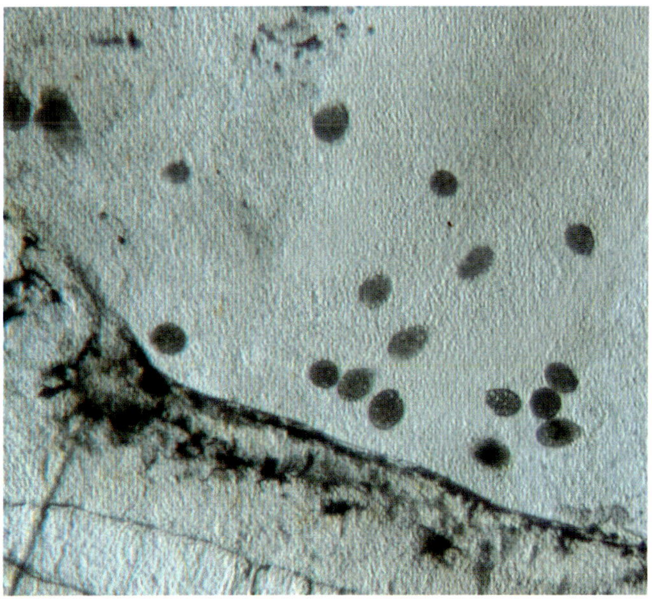

Bild Nr. 88: Tetrahymena sp.
Mikroskop Vergr.: 100×, Abb. Vergr.: 110×

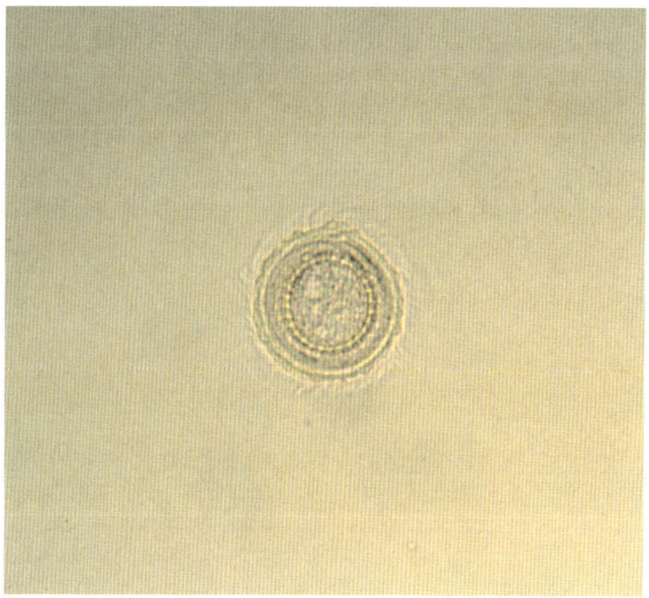

Bild Nr. 89: Trichodina sp. ist an dem Hakenkranz erkennbar.
Mikroskop Vergr.: 200×, Abb. Vergr.: 220×

In stark besetzten Aquarien kann es schnell zu einem erhöhten Infektionsdruck kommen. Verstärkte Fütterung führt zu besonderer Belastung. Ständige Wasserkontrolle und ausreichende Wasserwechsel müssen in solchen Aquarien selbstverständlich sein.

fung von Tetrahymena kann mit einem Medikament aus dem Zoohandel, das Malachitgrün enthält, oder mit reinem Malachitgrün, wie auf Seite 41 beschrieben, erfolgen.

Trichodina sp.

Trichodinen sind Ciliaten von hutartiger Zellform mit einem äußeren Wimpernkranz und einem inneren Hakenkranz, der zum Anheften an der Fischhaut dient (Bild Nr. 89). Sie werden den Peritricha zugeordnet und treten in mehreren Arten auf. Für den Aquarianer ist es nicht erforderlich, die Arten unterscheiden zu können. Die Trichodinen befallen Haut und Kiemen und können sich sehr flink auf der Fischhaut bewegen. Eigentlich sind sie keine Parasiten, sondern lassen sich vom Fisch nur transportieren. K. Hausmann zeigte 1983, daß sie sich wie andere Ciliaten von Bakterien ernähren. Da sich die Mundöffnung der Trichodinen auf der dem Fisch abgewandten Seite befindet, schädigen sie die Schleimhaut in der Regel nicht direkt. Wohl aber verursachen die Hakenkränze Hautreizungen. Daß die Fische sich gestört fühlen, merkt man daran, daß sie sich auch bei geringem Befall öfter scheuern und unruhig werden. Frank (Amlacher, 1981) konnte anhand von Fotografien nachweisen, daß sich die Trichodinen auch tief in die Haut bohren können. Trichodinen vertragen Temperaturen von über 30 °C und sind darum auch in Diskusaquarien vertreten. Im Hautabstrich kann man sie in großen Mengen finden, wenn die Schleimhaut des Fisches angegriffen und mit Bakterien infiziert ist. Durch Zweiteilung können sich die Trichodinen rasch vermehren. Makroskopisch ist der Befall oft nur sehr schwer zu erkennen. Manchmal ist eine leichte Trübung oder ein feiner trüber Belag festzustellen. Zur sicheren Diagnose nimmt man einen Schleimhautabstrich und betrachtet ihn bei 100facher Vergrößerung. Möchte man einzelne Exemplare genauer sehen, ist eine Vergrößerung von mindestens 400fach notwendig. Nun sind die feinen Wimpern und der Hakenkranz deutlich zu erkennen. Der Durchmesser dieser Ciliaten variiert zwischen 30 und 70 Mikrometer. Die Behandlung mit Malachitgrün ist wirksam und tötet die Trichodinen im Laufe von 10 Tagen ab. Die beste vorbeugende Maßnahme ist, für eine gute Wasserqualität zu sorgen.

An verwundeten, verpilzten und von Bakterien befallenen Hautstellen sind noch viele andere peritriche Wimpertiere, wie Trompetentiere und Glockentiere, zu finden. Ein Teil davon ist im ersten Kapitel des ersten Bandes beschrieben. Sie siedeln sich auf der Schleimhaut an, wenn sie ihre Nahrung, die Bakterien, in großer Zahl vorfinden. Durch das Anheften mit ihrem Fuß fördern sie die Zerstörung der Schleimhaut. Wird die Ursache der Infektion beseitigt, verschwinden die peritrichen Wimpertiere von selbst.

Bild Nr. 90: Die neue Diskuskrankheit (Diskusseuche) im Anfangsstadium.

Die neue Diskuskrankheit

Seit dem ersten dokumentierten Auftreten im Herbst 1986 hat diese Krankheit von den Diskuszüchtern schon viele Namen erhalten, wie „Diskusseuche", „Diskusvirus", „Hautallergie", „Leitungswasserallergie" oder „Hautablösung", um einige zu nennen. Gerade in der Anfangszeit hat sie im Zoofachhandel und bei privaten Züchtern zu immensen Verlusten geführt. Es ist eine der wenigen Krankheiten, die so schnell voranschreitet, daß fünf Tage nach der Infektion schon alle Diskusfische gestorben sein können. Betroffen sind hauptsächlich Diskusfische, Skalare und Uarus. Die meisten anderen Fischarten können im gleichen Becken leben, ohne Krankheitsanzeichen zu zeigen.

Zwei bis drei Tage nach der Infektion beginnen sich die Diskusfische unwohl zu fühlen und färben sich meist dunkel. Bei genauem Beobachten kann man schon eine leichte Verdickung der Schleimhaut erkennen (Bild Nr. 90). Nun werden die Fische apathisch und reagieren vermindert auf äußere Reize. Die Schleimhautverdickung nimmt immer mehr zu, auf den Körperseiten bildet sich eine charakteristische netzartige Struktur aus grauweißem Schleim. Die Hautfläche, die von den Brustflossen berührt und befächelt werden kann, bleibt davon oft verschont (siehe Bild Nr. 62). Im Endstadium lösen sich die verdickten Schleimhautstellen in Stücken ab. Einhergehend mit der übermäßigen Schleimproduktion ist eine rapide Verschlechterung der Wasserqualität festzustellen. Die sich lösenden Hautstücke zersetzen sich und belasten das Wasser. Es wird trübe und beginnt „faulig" zu riechen. Die in großen Mengen im Wasser enthaltenen Fäulnisbakterien und Erreger setzen die Fische unter zusätzlichen Streß. Die Abwehrkraft der Fische gegen Krankheiten ist völlig erlahmt, alle im und am Fisch befindlichen Erreger vermehren sich ungehemmt. Die verschiedenen Krankheiten wirken zusammen und schaukeln sich gegenseitig hoch. Es wirkt sich positiv aus, die Besatzdichte drastisch herabzusetzen und durch zusätzliche mechanische Feinfilterung (z.B. Diatomfilter) und UV-Bestrahlung des Wassers den Infektionsdruck zu verringern. Hohe chemische und organische Belastung des Wassers verschlechtern den Zustand der Fische zusätzlich. Man sollte aus diesem Grund darauf achten, daß der Nitritwert nicht steigt und der pH-Wert konstant bleibt. Ein Abfallen des Sauerstoffgehaltes kann man durch zusätzlich angebrachte Ausströmer verhindern. Auf keinen Fall darf die Wassertemperatur erhöht werden, da sich die Bakterien sonst noch schneller vermehren. Bestätigend konnte in diesem Zusammenhang mehrmals beobachtet werden, daß dicht besetzte Aquarien viel schlimmer betroffen waren als schwach besetzte und die Gabe von Medikamenten, die zu einer Verringerung des Infektionsdruckes führen, eine Verlangsamung des Krankheitsverlaufes oder sogar eine Besserung des Zustandes der Fische bewirkten.

Leider ist bis heute der Erreger der Diskusseuche noch nicht eindeutig isoliert. Es sprechen mehrere Fakten für eine durch intrazellulär lebende Bakterien verursachte Infektionskrankheit. Es konnten auch schon mehrmals etwa 0,5 Mikrometer große, kugelförmige Bakterien (Kokken) in den Schleimhautzellen von den befallenen Fischen gefunden werden. So ist die Krankheit mit Medikamenten, die Bakterien bekämpfen, zu heilen. Die infizierten Fische konnten in meinen Aquarien und bei vielen Züchtern durch die Verabreichung der Wirkstoffe Neomycinsulfat und Nitrofurantoin ausnahmslos wieder gesund gepflegt werden. Trotzdem ist nicht auszuschließen, daß die Krankheit primär durch Viren verursacht wird und die Bakterien nur sekundär auftreten. Leider besteht wegen des Aufwandes und der hohen Kosten kaum die Chance den wissenschaftlichen Nachweis für eine Virusinfektion zu erbringen.

Diskusfische können nach mehrmaliger Infektion immun gegen die Diskusseuche werden. Die Krankheit kann durch Übertragung nur weniger Tropfen Wasser (1 ml auf 200 l Wasser, experimentell bestätigt) aus einem infizierten Becken in ein Aquarium mit gesunden Fischen innerhalb von drei Tagen ausgelöst werden. Auch dann, wenn wochenlang vorher kein Wasserwechsel mit Leitungswasser durchgeführt wurde. Das spricht gegen eine „Leitungswasserallergie", die mitunter als Ursache angegeben wird. Eine Allergie ist generell nicht heilbar, auch nicht durch Antibiotika. Nur durch Umsetzen der Fische in reizstofffreies Wasser könnte man sie verhindern. Da Allergien durch eine Überaktivität des Immunsystems verursacht werden, kann sich dagegen keine Immunität einstellen, sondern die Krankheitsanzeichen würden bei mehrmaligem Kontakt mit dem Reizstoff immer schlimmer werden. Außerdem wäre die Krankheit nicht durch Übertragung minimaler Wassermengen in Aquarien mit gesunden Fischen auslösbar.

Die Behandlung der erkrankten Fische wird in einem Quarantänebecken durchgeführt, der Besatz soll nicht dichter als zwei erwachsene Fische je 100 Liter sein. Ist das nicht möglich, muß die Wasserqualität durch häufigeren Wasserwechsel auf einem hohen Niveau gehalten werden. Die Medikamente dosiert man für die zugefügte Wassermenge nach. Die Wassertemperatur soll während der Behandlung 28 °C nicht übersteigen. Das Wasser ist rein mechanisch über sauber ausgewaschene Watte oder Schaumstoff zu reinigen und gut zu durchlüften. Es wurde zwar schon über Behandlungserfolge mit den unterschiedlichsten Medikamenten berichtet, am besten bewährt hat sich jedoch die Kombinationsmethode mit Neomycinsulfat und Nitrofurantoin. In den meisten Fällen führte sie zu einer Besserung des Zustandes innerhalb von drei Tagen und innerhalb von sechs bis acht Tagen zur Heilung. Beide Medikamente wirken sehr stark auf Kokken. Die Medikamente sind auf den Seiten 48 und 54 genau beschrieben. Die für Neomycinsulfat angegebene Dosis von 2 g/100 l Behandlungswasser ist in der Regel ausreichend. Tritt jedoch im Laufe von drei Tagen keine Besserung ein, können nochmals 2 g/100 l nachdosiert werden, so daß das Behandlungswasser 4 g/100 l Neomycinsulfat als Gesamtdosis enthält. Diese Menge soll nicht überschritten werden. Nitrofurantoin wendet man mit 100 mg pro 40 Liter Wasser an. Das ist der Inhalt einer Gelatinekapsel. Die Fische sind häufig zu beobachten, damit man bei Verschlechterung des Zustandes sofort einen Wasserwechsel durchführen kann. Nach Abschluß der Kombinationsbehandlung kann eine Nachbehandlung allein mit Nitrofurantoin über 10 Tage mit der genannten Dosis erfolgen. Sie ist jedoch meistens nicht notwendig. Der Behandlungserfolg kann auch ausbleiben, wenn sich zuviele Parasiten auf der Haut befinden. In diesem Fall sind durch mikroskopische Untersuchung von Hautabstrichen die Parasiten festzustellen und zuerst zu behandeln. In vereinzelten Fällen konnte in letzter Zeit eine verminderte oder keine Wirkung der voran genannten Medikamente festgestellt werden. In diesem Fall empfiehlt es sich, die Behandlung mit Chloramphenicol durchzuführen (Anwendung: S. 49).

Achtung!

Die Diskusseuche ist hochinfektiös! Es ist mehrfach belegt, daß nur wenige Spritzer mit Wasser aus infizierten Becken ausreichten, die Krankheit auf ein benachbartes Becken zu übertragen. Arbeiten Sie im höchsten Maße hygienisch, um die Übertragung zu verhindern. Setzen Sie auf keinen Fall noch gesund erscheinende Fische in ein anderes Becken um und verwenden Sie keine infizierten Netze oder andere Geräte in einem krankheitsfreien Becken. Füttern Sie in den von der Krankheit betroffenen Aquarien ganz zum Schluß. Desinfizieren Sie Ihre Hände und Arme nach Hantieren in Becken mit befallenen Fischen mit Alkohol (S. 56) oder waschen Sie sie gründlich mit Seife.

Bakterielle Kiemen- und Flossenfäule

Wie der Name schon aussagt, faulen den Fischen bei dieser Erkrankung die Kiemenblätter oder die Flossen ab. Hervorgerufen wird das Krankheitsbild durch Bakterien verschiedener Gattungen, welche die betreffenden Hautstellen befallen. Die Krankheit ist weltweit verbreitet und tritt normalerweise nur in belastetem Wasser auf. Jungfische sind stärker betroffen als erwachsene Fische. Zunächst bilden die Flossen weiße Ränder, die sich immer mehr verbreitern. Schließlich zerfällt das Gewebe zwischen den Flossenstrahlen, so daß diese ein Stück über den Rand herausragen. Solange die Flossenbasis nicht erreicht ist, können die Flossen wieder nachwachsen. Verursacher sind Bakterien der Gattungen Aeromonas, Pseudomonas und Vibrio. Zur Diagnose nimmt man ein kleines Stück des zersetzten Gewebes, indem man es mit einer Pinzette abzupft oder mit einer Schere vom Rand der Flosse abschneidet und fertigt ein Präparat an. Dieses soll sehr dünn sein und wird bei 300- bis 500facher Vergrößerung betrachtet. Es sind bei genauem Hinschauen viele winzige, sich sehr schnell bewegende Bakterien zu erkennen. An den Gewebsresten befinden sich auch unzählige unbewegliche Bakterien. Viele Flagellaten und Ciliaten sind mit Sicherheit ebenfalls im Präparat zu sehen. Sie treten jedoch nur sekundär auf.

Zur Bekämpfung reicht es meist, die Wasserqualität durch Wasserwechsel oder Verringerung des Besatzes zu verbessern. Auch ein Umsetzen der Fische in unbelastetes Wasser bewirkt in vielen Fällen ein Nachwachsen der abgestorbenen Flossenteile. Zur medikamentösen Behandlung gibt es sicher wirkende Heilmittel im Zoohandel. Als reiner Wirkstoff kann Acriflavin (=Trypaflavin) eingesetzt werden. Das Antibiotikum Neomycinsulfat soll man erst dann anwenden, wenn andere Heilmittel erfolglos waren. Die Dosierungen sind am Ende des ersten Kapitels dieses Bandes beschrieben (S. 54 und 68).

Pilzbefall an Haut und Kiemen

Pilze verschiedener Arten sind ständige und natürliche Bewohner eines jeden Aquariums. Meistens handelt es sich um Schimmelpilze der Gattungen Saprolegnia, Achlya und Dictychus. Sie entwickeln sich auf Kot und Futterresten und zersetzen diese. Darum ist das Aquarienwasser mit ihren Sporen angereichert. Die Sporen sind winzig klein und treiben ohne Eigenbewegung im Wasser umher, bis sie an ein Substrat gelangen, das ihnen als Nahrung dienen kann. Erst dann treibt aus jeder Spore ein sich verzweigender Pilzfaden, eine Pilzhyphe, aus. Mehrere davon bilden das charakteristische Pilzgeflecht, das Mycel. Fische sind in der Regel nicht gefährdet, weil die gesunde Fischhaut den Sporen keine Möglichkeit zur Ansiedlung bietet. Erst wenn Hautschäden durch Verletzungen oder Parasitenbefall vorliegen, können die Sporen in die Wunden eindringen und in der Haut auskeimen. Es bildet sich dann das wattebauschartige Pilzgeflecht. Aber der Pilz wächst nicht nur nach außen, sondern auch ins Innere des Gewebes. Leider ist es in diesem Stadium für eine Behandlung schon zu spät. Die Fische sterben sehr schnell, wenn der Pilz ein lebenswichtiges Organ befällt. Außerdem geben die Pilze ihre giftigen Stoffwechselprodukte an den Fischorganismus ab, was nicht lange vertragen wird. Aus diesen Gründen ist es unerläßlich, sofort zu handeln, wenn ein Verdacht auf Pilzbefall besteht. Der betroffene Fisch ist sofort in ein Quarantänebecken umzusiedeln und dem Wasser ein pilzhemmendes Medikament zuzugeben. Diese sind im Zoohandel erhältlich. Auch wenn sich schon erste Pilzfäden auf der betroffenen Hautstelle zeigen, kann eine Behandlung mit Nystatin noch helfen. Zur Diagnose schneidet man einen kleinen Teil des wattebauschartigen Belages mit einer kleinen Schere ab und fertigt ein Präparat an. Bei 50 bis 100facher Vergrößerung sind die Pilzhyphen gut zu erkennen und zu bestimmen.

Bei Branchiomyces, der Kiemenfäule, befindet sich der Erreger normalerweise nicht im Aquarium. Er muß durch zugesetzte Fische oder Lebendfutter in das Aquarium eingeschleppt werden. Aber auch dann werden die Fische in der Regel nur in organisch stark belastetem Wasser bei Überbesatz befallen. In gepflegten Aquarien wurde diese Krankheit noch nicht beobachtet. Die Pilzhyphen des Erregers bewirken eine mangelnde Durchblutung der Kiemenblätter, so daß diese absterben und abfallen. Das ist sofort erkennbar, wenn man den Kiemendeckel des Fisches anhebt. Die betroffenen Partien der Kiemen sind weiß oder grau verfärbt. Von diesen weißen Stellen können mit einer feinen Pinzette kleine Gewebsproben entnommen werden. Man fertigt ein Präparat an und mikroskopiert bei 100- bis 200facher Vergrößerung. Mitunter heben sich die Pilzhyphen nur schwach von Gewebe ab, so daß sie kaum zu sehen sind. Durch Verringern der Präparatdicke, indem man mit einer Präpariernadel einen leichten Druck auf das Deckglas ausübt, kann Abhilfe geschaffen werden.

Laichverpilzung ist eine reine Sekundärerscheinung, denn Pilze können einem gesunden Fischlaich nicht schaden. Fast immer wird von den Aquarianern fälschlicherweise das Weißwerden der Eier als „Laichverpilzung" bezeichnet. Die milchig-weiße Farbe der Eier zeigt nichts anderes an, als daß die betroffenen Eier abgestorben und das Eiweiß im Inneren geronnen ist. Erst an solchen toten Eiern können sich Pilze ansiedeln. Darum picken ordentlich pflegende Fischpaare diese weißen Eier aus dem Gelege heraus und fressen sie auf. Befinden sich mehrere abgestorbene Eier in einem Gelege, so greifen die sich deutlich sichtbar entwickelnden Pilze dann auch auf die gesunden Eier über. Meist ist nichts mehr zu retten. Das Absterben der Eier kann verschiedene Ursachen haben. Zunächst sollte man prüfen, ob vielleicht

Diskusfische mit Kiemenerkrankungen spreizen die Kiemendeckel deutlich ab, oder legen diese immer wieder eng an. Durch Kiemenspülung kann eine Diagnose gestellt werden.

winzige Laichräuber, wie Planarien, über den Laich herfallen. In den meisten Fällen sind jedoch falsche Wasserwerte, Bakterien oder belastetes Wasser die Ursache. Um einem bakteriell bedingten Absterben der Eier vorzubeugen, können nach der Eiablage 30 ml je 100 Liter Aquarienwasser von der auf Seite 40 beschriebenen Methylenblaustammlösung in das Becken gegeben werden.

Erkrankungen des Auges

Das Auge erkrankt bei Diskusfischen und anderen Großcichliden nicht allzu häufig. Viele Augenerkrankungen treten nach Verletzungen der äußeren Hornhaut des Auges auf oder sind Sekundärerscheinungen bei anderen Krankheiten. Bekannt ist in diesem Zusammenhang die Glotzaugenbildung, der Exophthalmus. Hierbei treten ein oder beide Augen immer weiter hervor, bis im Extremfall der Augapfel herausfällt. Eine Infektion der Augenhöhle kann die Folge sein. Gelangen dabei Bakterien über den Sehnerv zum Gehirn, stirbt der Fisch. Dies kann unter Zuckungen, Krämpfen oder Herumschießen im Becken innerhalb weniger Stunden geschehen. Den Verlust eines Auges kann der Fisch überleben, wenn keine Infektion der Augenhöhle erfolgt. Einen völlig blinden Fisch sollte man schmerzlos töten, da er in der Futteraufnahme behindert ist und mit der Zeit doch an Schwäche eingehen wird.

Glotzaugenbildung ist eine häufige Begleiterscheinung bei Bauchwassersucht und Tuberkulose. Verschiedene Ursachen sind möglich. Es kann sich Flüssigkeit hinter dem Auge sammeln und den Augapfel hervordrücken. Ebenso können Granulome oder Schwellungen durch Entzündungen einen Druck ausüben. Bei Bauchwassersucht bilden sich nach erfolgreicher Behandlung die Glotzaugen wieder zurück. Oft sind die inneren Organe der Fische jedoch schon so weit geschädigt, daß sie sich nicht mehr erholen.

Viel häufiger sind Trübungen der Augenhornhaut nach dem Transport der Fische in einem Eimer. Die Trübung entsteht weil die Fische im Eimer im Kreis herum schwimmen und dabei mit den Augen an der Wand entlang scheuern. Diese Trübung ist harmlos und verschwindet nach wenigen Tagen. Zur Unterstützung des Heilungsprozesses kann man etwas Methylenblau (10-20 ml Stammlösung/100 l) oder Acriflavin (1 mg/l) in das Wasser geben. Wird die Hornhaut verletzt, dann können Bakterien und Pilzsporen das Auge infizieren. Meist treten beide Infektionen zusammen auf. Man erkennt die Infektion, wenn die Trübung sich am zweiten Tag noch nicht gebessert hat. Dann muß man allerdings schnell reagieren, denn, erreicht die Infektion die Augenlinse, kommt eine Behandlung häufig zu spät. Linsentrübungen regenerieren sich meistens nicht mehr. In diesem Fall ist das Auftragen einer pilzhemmenden Salbe angebracht. Nystatin von Lederle in Abwechslung mit Combisonum-Augensalbe kann täglich einmal verabreicht werden (Beschreibung S. 109, Band I). Dazu muß der Fisch kurz aus dem Wasser genommen und in ein mit Aquarienwasser getränktes, temperiertes Tuch eingeschlagen werden. Man entblößt das betroffene Auge und trocknet es mit einem saugfähigen Fließpapier leicht ab. Dann trägt man die Salbe auf. Der ganze Vorgang darf nicht länger als drei Minuten dauern.

Eine Infektion durch Tuberkulosebakterien kann sich auf das Auge unterschiedlich auswirken. Bilden sich die Granulome hinter dem Auge, dann tritt das Auge als Glotzauge hervor. Tuberkulosegranulome können sich aber auch im Augapfel selbst entwikkeln. Dann erscheint das Augeninnere dem Beobachter trübe. Die Trübung ist leicht mit einer Linsentrübung zu verwecheseln. Endgültige Klarheit verschafft nur die Sektion des Fisches. Man präpariert das Auge heraus und fertigt Präparate von der klaren Augenflüssigkeit, der Linse und dem Augenhintergrund an. In den Präparaten sind schon bei geringer Vergrößerung die Granulome zu erkennen. In dünnen Ausstrichen und Doppelquetschpräparaten sind mittels Ziehl-Neelsen-Färbung die Tuberkulosebakterien nachweisbar. Eine Methode zur Behandlung von Tuberkulose mit anhaltender Wirkung ist nicht bekannt.

Innere Infektionen des Augapfels durch Bakterien oder Pilze können das Auge völlig zerstören und sind schlecht behandelbar (Bild Nr. 91). Bei Pilzinfektionen des inneren Auges ist eine Behandlung selten erfolgreich, da die Wirkung der Medikamente langsamer erfolgt als das Wachstum des Pilzes. Sterben die Pilze bei erfolgreicher Behandlung ab, bleibt die Augenlinse trübe, das Auge ist blind. Bei bakteriellen Infektionen kann eine Behandlung mit Chloramphenicol (Seite 49) oder Tetracyclin (Durchführung Seite 51) als Bad oder im Futter erfolgreich sein.

Bei dem Wurmstar der Fische wird ebenfalls das Auge trübe, man kann jedoch mit einer stark vergrößernden Lupe milchig-weiße Abkapselungen erkennen. Es handelt sich um Metacercarien, das sind Larven von digenen Würmern der Familie Diplostomidae, von denen sich manche Arten vorzugsweise im Auge niederlassen. Sie können dort in einem Ruhezustand bleiben, ohne dem Fisch größeren Schaden als die Sehbehinderung zuzufügen. Im Aquarium kann er jahrelang damit leben.

Der Fisch stellt für die Metacercarien den Zwischenwirt dar, sie warten in ihrer Verkapselung darauf, daß er vom Endwirt, einem größeren Fisch oder Vogel gefressen wird. Dort werden sie durch die Verdauungssäfte aus ihrer Kapsel befreit und entwickeln sich zum erwachsenen und geschlechtsreifen Wurm. Ihre Eier scheidet der Endwirt mit dem Kot aus. Die daraus schlüpfenden Larven befallen als Miracidium den ersten Wirt, meist Schnecken. Aus den Miracidien entwickeln sich ungeschlechtlich riesige Mengen von Cercarien, die im Wasser umhertreiben, bis sie zufällig einen Fisch berühren. Dann werden sie aktiv und dringen unter Abwerfen des Gabelschwanzes durch die Haut in den Fisch ein. Außerhalb des Fisches können sie nur zwei Tage überleben. Innerhalb von oft nur einem Tag wandern die Cercarien im Fisch zum Auge und wachsen dort zu Metacercarien heran, die im verkapselten Zustand jahrelang lebensfägig bleiben können. So schließt sich der Kreislauf. Dringen zu viele Cercarien in den Fisch ein, so stirbt er. Das ist natürlich nicht der Sinn der Entwicklung, der Fisch soll nur soweit behindert werden, daß er eine bevorzugte Beute des Endwirtes darstellt. In der Regel sind im Aquarium lebende Fische nicht durch Cercarien gefährdet, wenn keine Schnecken mit frisch gefangenem Lebendfutter aus Fischgewässern eingeschleppt werden. Eine Schnecke kann jedoch schon zuviel sein. Nach Schäperclaus, 1979, entläßt eine infizierte Lymnaea stagnalis von 6 cm Höhe bei 20 °C täglich etwa 15 000 bis

Bild Nr. 91: Durch Bakterien und Pilze zerstörtes Auge.

50 000 Cercarien, und das mehrere hundert Tage lang. Wildfänge, die mit einigen Metacercarien importiert werden, können jahrelang damit leben. Eine Behandlung sollte nicht erfolgen, da absterbende Metacercarien zu einer Fremdeiweißvergiftung führen können.

Nichterregerbedingte Linsentrübung

Verschiedentlich wurden schon Linsentrübungen bei Diskusfischen beobachtet, die nicht auf eine Infektion durch Erreger zurückzuführen waren. Da nur einige Fische in dem betroffenen Becken die Symptome zeigten, handelte es sich vermutlich um einen Vitaminmangel oder eine Stoffwechselkrankheit. Durch Fütterungsversuche wurde nachgewiesen, daß ein Fehlen von Riboflavin oder Vitamin A in der Nahrung von Fischen eine Linsentrübung hervorzurufen vermag (siehe S. 70, Band I und Roberts, 1985). Auch konnten Linsentrübungen bei Fehlen des Spurenelementes Zink festgestellt werden (Amlacher, 1981). Ob eine Mangelerkrankung oder eine bakterielle Infektion vorliegt, läßt sich jedoch nur durch Sektion des Fisches und Herauspräparieren des Auges feststellen. Um eine Infektion durch Bakterien nachweisen oder ausschließen zu können, benötigt man ein sehr gutes Mikroskop mit Phasenkontrasteinrichtung. Die Ursache der Linsentrübung der untersuchten Diskusfische waren Ablagerungen an der Linsenoberfläche. Das erklärt sich durch die besondere Stellung der Augenlinse im Körper. Man muß sie als ein selbständiges, lebendes Organ ansehen und nicht als eine tote, aus Mineralien bestehende Linse. Da sie mit dem Körper keine feste Verbindung hat, bezieht sie alle Nährstoffe aus dem Augenwasser. Eine Zellschicht auf der Linsenoberfläche nimmt die Nährstoffe aus der Augenflüssigkeit auf und gibt sie an die Zellen der Linse weiter. Unter Umständen können sich in der Augenflüssigkeit befindliche Stoffe außen auf der Linsenoberfläche ablagern, die Linse erscheint trübe. Eine Besserung des Zustandes konnte auch durch Umstellen der Ernährung nicht erreicht werden, nur eine Stagnation.

Erkrankungen der Leibeshöhle und der inneren Organe

Die Arbeitsmittel

Für eine Untersuchung der inneren Organe von Fischen ist außer einem guten Mikroskop noch eine Grundausstattung an Instrumenten und Chemikalien notwendig. Diese sind z. B. beim Kosmos Service, Postfach 10 60 11, 7000 Stuttgart, erhältlich. Den umfangreichen Katalog kann man gegen eine Schutzgebühr anfordern.

Zunächst benötigt man ein Sezierbecken. Das ist eine mit Wachs halb gefüllte Zinkblechschale. Der tote Fisch wird auf das Wachs gelegt und mit Nadeln durch die Rückenmuskulatur und die Schwanzwurzeln im Wachs festgesteckt, damit er beim Schneiden nicht verrutscht. Man kann sich das Sezierbecken auch selbst preiswert herstellen. Dazu besorgt man sich aus einem Fischgeschäft leere Lachskonservendosen. Diese gibt es in Größen, auf denen auch ein erwachsener Diskusfisch Platz findet. Trotz des großen Formats sind sie nur wenige Zentimeter hoch. Man füllt die Dose bis einen Zentimeter unter den Rand mit flüssigem Paraffin (Kerzenwachs), dem 30 % Bienenwachs zugesetzt wurde und läßt es erstarren. Weiterhin benötigt man eine große Schere mit einem stumpfen und einem spitzen Schenkel und eine kleine Schere mit zwei spitzen Schenkeln. Beide müssen aus Edelstahl sein, damit sie nicht rosten. Eine Nagelhautschere, die man in Apotheken und Fachgeschäften erhalten kann, ist bei der Sektion kleinster Fische oder beim Herauspräparieren von Organen sehr zweckmäßig. Zwei Präpariernadeln dienen dem Zerreißen von Organstücken auf dem Objektträger. Zusätzlich braucht man noch eine Pinzette, die vorn abgewinkelt ist, und zwei gerade Pinzetten. Es ist sinnvoll, kein feststehendes Skalpell zu kaufen, sondern einen Skalpellgriff mit auswechselbaren Klingen. Die Klingen gibt es in 5er-Packungen, man wählt die spitze Form.

Die Vorbereitungen für eine Sektion

Viele Krankheiten sind nur dann exakt nachzuweisen, wenn man einen kranken Fisch seziert, von den inneren Organen Präparate anfertigt und diese mit dem Mikroskop untersucht. Bevor man den Fisch jedoch sezieren kann, muß er getötet werden. Um dabei nicht mit dem Gesetz in Konflikt zu kommen, ist es notwendig, das Tierschutzgesetz zu kennen und danach zu handeln.

Das Tierschutzgesetz schreibt eindeutig vor, daß Wirbeltiere, und zu diesen zählen auch unsere Fische, nicht getötet werden dürfen. Davon ausgenommen sind nur Tiere, die Speisezwecken dienen. Diese dürfen aber nur von Personen getötet werden, die den notwendigen Sachverstand haben. Weiterhin schreibt das Tierschutzgesetz vor, daß Tiere, die nicht behebbare Leiden oder Schmerzen zu ertragen haben, getötet werden müssen. Auch das darf nur mit Sachverstand und schmerzlos, notfalls unter Betäubung, geschehen. Das von manchen Züchtern praktizierte „Abkochen" oder „Abspülen in der Toilette" ist reine Tierquälerei und stellt einen groben Verstoß gegen das Tierschutzgesetz dar. Wer sich auf diese Art und Weise von Fischen befreit, macht sich strafbar.

Unter nicht behebbaren Leiden sind auch Verkrüppelungen und Mißbildungen zu verstehen, so daß diese Fische aussortiert, getötet und zu Kontrollzwekken seziert werden dürfen.

Große Fische sind nur sehr schwer schmerzfrei zu töten. Besonders die Diskusfische haben im Bereich des Kopfes so feste Knorpel und Schädelknochen, daß sie nicht einfach mit einem Schnitt zu durchdringen sind. Darum ist es unerläßlich, die Tiere vorher zu betäuben. Das geschieht am einfachsten mit dem bewährten Fischanästhetikum MS 222 von der Firma Sandoz in Basel. In Deutschland ist das Betäubungs-

Bild Nr. 92: Der Genickschnitt bei Diskusfischen. Der Schnitt muß bis zu der Pfeilspitze geführt werden. Er zerstört das Gehirn und tötet den vorher schon betäubten Fisch augenblicklich.

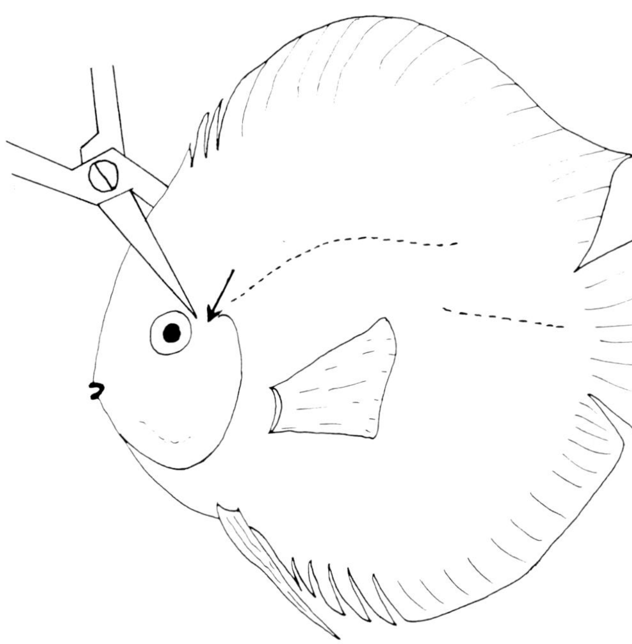

mittel von der Firma Serva-Feinbiochemika, Karl-Benz-Str. 7, 6900 Heidelberg, Best. Nr. 12396, zu beziehen. Leider ist es sehr teuer. Je nach Dosierung kann man damit die Fische töten oder gezielt betäuben, so daß sie nachher, wenn man sie in frisches Wasser setzt, wieder aufwachen. Zur Betäubung gibt man je nach Größe des Fisches 50 mg bis 130 mg (Reichenbach-Klinke, 1980) auf einen Liter Wasser. Der Fisch darf höchstens 15 Minuten in dieser Lösung beziehungsweise betäubt bleiben. Dann ist er in frisches Wasser zu setzen. Er braucht dann erneut 15 Minuten, um sich zu erholen. Eine Dosis von 1 bis 2 g/l Wasser führt innerhalb von 10 Minuten zum Tod des Fisches.

Wenn der Fisch nun völlig betäubt auf dem Wachsbecken liegt, keinen Augendrehreflex und keine Atembewegungen mehr zeigt, wird trotzdem noch ein Genickschnitt durchgeführt, um absolut sicher zu gehen, daß er auch tot ist, wenn man mit der Sektion beginnt. Dazu setzt man ein scharfes und spitzes Skalpell mit der Spitze auf das Ende der Kiemenfalte direkt hinter dem Auge. Dann sticht man schnell durch den Körper und schneidet zum Rücken hin durch. So wird das Gehirn direkt durchtrennt und stirbt sofort ab. Bei großen und kräftigen Fischen ist das nicht möglich, das Skalpell würde abbrechen. Man führt den Schnitt an der gleichen Stelle oberhalb der Kiemen mit einer großen Geflügelschere durch (Bild Nr. 92). Nach fünf Minuten Wartezeit kann mit der Sektion begonnen werden.

In der Zwischenzeit nimmt man noch einmal Abstriche von der Haut und untersucht sie mit dem Mikroskop. Auch kann man Schuppen auszupfen, sowie größere Stücke von den Flossen abschneiden und genauer untersuchen, als das mit Abstrichen von Flossen möglich ist. Die Abstriche nimmt man jetzt mit der senkrecht gestellten, scharfen Seite der Skalpellklinge, damit man mehr Schleimhaut abstreift. Das Material bringt man auf einen sauberen Objektträger, gibt ein Tröpfchen Wasser zu und deckt mit einem Deckglas ab. Die Anleitung dafür befindet sich auf Seite 26. Die Sektion wird mit dem Kiemendeckelschnitt, dem Opercularschnitt begonnen. Dazu hebt man mit einer Pinzette den Kiemendeckel an und schneidet ihn mit einer scharfen Schere an seiner Basis ab (siehe Bild Nr. 66). Die Kiemen liegen nun frei.

Erkrankungen der Kiemen

Die Kiemen gesunder Fische haben eine kräftige, rote Farbe (siehe Bild Nr. 66). Sind sie blaß rosa oder weißlich verfärbt, liegt eine Blutarmut, eine Anämie vor. Das kann auf eine Infektion der Niere zurückzuführen sein. Ist ein fest umrissener Bereich der Kiemen weiß oder schmutzig grau verfärbt, so sind die Kiemenblätter an dieser Stelle abgestorben. Der Grund ist häufig eine Verpilzung, der eine Verletzung vorausgegangen ist.

Von den knöchernen Kiemenbögen stehen die Kiemenblätter im rechten Winkel ab. Zur Vergrößerung der Oberfläche befinden sich an den Kiemenblättern noch Lamellen, die parallel zur Wasserströmung angeordnet sind (Bild Nr. 93). So wird bei manchen Arten für den Gasaustausch eine Oberfläche von 18 000 cm^2 pro Kilogramm Lebendgewicht je Fisch erreicht.

Bild Nr. 93: Gesunde Kiemenblätter.

Bild Nr. 94: Verschleimte und verklebte Kiemenblätter.

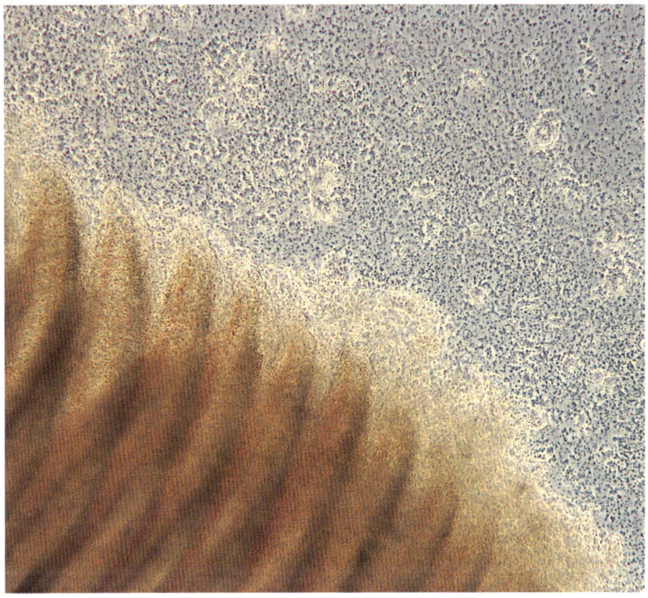

Die unter „Vorbeugende Untersuchungen" am Anfang dieses Bandes besprochenen Abstriche und Spülungen am lebenden Fisch führen nicht zuletzt wegen der Verletzungsgefahr zu keiner absolut sicheren Diagnose bei direkten Erkrankungen der Kiemen. Darum ist es unerläßlich, bei jeder Sektion die Kiemen des Fisches herauszupräparieren und genau zu untersuchen. Dazu wird wie folgt vorgegangen. Man greift den obersten Kiemenbogen mit einer feinen Pinzette und schneidet ihn an den Enden ab. Mit den anderen Kiemenbögen verfährt man genauso. Möcht man den Erfolg einer Behandlung gegen eine bestimmte Krankheit, z.B. Kiemenwürmer, kontrollieren, so ist es erforderlich, alle Kiemenbögen auf beiden Seiten herauszuschneiden und Kiemenblatt für Kiemenblatt nach den Parasiten abzusuchen. Die Kiemenbögen von kleinen Fischen werden nebeneinander auf einen Objektträger gelegt, Wasser zugetropft und mit einem Deckglas abgedeckt. Fehlendes Wasser kann mit einer Pipette an dem Rand des Deckglases nachgegeben werden. Die Kiemenbögen großer Fische sind zu dick für ein Präparat. Man schneidet darum die Kiemenblätter von den Kiemenbögen ab. Normalerweise bleiben sie an den Schenkeln der Schere hängen und können auf einen Objektträger übertragen werden. Auch hier wird etwas Wasser zugegeben und ein Deckglas aufgelegt. Dann legt man das Präparat auf den Objekttisch des Mikroskopes und stellt eine 20- bis 50fache Vergrößerung ein. Kiemenwürmer sind nun sofort zu erkennen. Sie hängen mit dem hakenbewehrten Hinteren de an den Kiemenblättchen und führen mit dem Vorderende, an dem sich die vier schwarzen Augenflekken befinden, meist sehr unruhige, suchende Bewegungen aus. Die genaue Beschreibung befindet sich zu Beginn des vorhergehenden Kapitels.

Weiterhin prüft man, ob die Kiemenblätter verschleimt sind und ob sich Schleimhautzellen von ihnen lösen. Das ist bei einem Kiemenwurmbefall normal. Sind keine Kiemenwürmer zu finden, kann eine Verschleimung durch schlechtes, organsich belastetes Wasser oder falsche chemische Wasserwerte verursacht werden (Bild Nr. 94). Aber auch eine Infektion durch Flagellaten oder Bakterien ist möglich. Darum stellt man für die weitere Untersuchung eine höhere Vergrößerung ein. Mit etwa 200facher Vergrößerung sucht man die Kiemenblättchen nach Flagellaten ab. Die in Frage kommenden Flagellaten der Gattung Cryptobia sind als Darmflagellaten in diesem Kapitel. genauer beschrieben. An den Kiemen erreichen sie Größen zwischen 16 und 24 Mikrometern. Sie treten in Massen auf und hängen alle gleichmäßig nebeneinander am Kiemenepithel. Die Behandlung erfolgt mit HEXA-ex ®, Metronidazol oder Chininhydrochlorid (siehe S. 71).

Wurden auch keine Flagellaten gefunden, stellt man eine 400- bis 600fache Vergrößerung ein und sucht nach Bakterien. Bei bakterieller Infektion der Kiemen, der sogenannten bakteriellen Kiemenfäule, kann man große Mengen schnell und langsam beweglicher Bakterien durch das Bildfeld schwimmen sehen. Bei dieser Krankheit muß in erster Linie für eine bessere Wasserqualität gesorgt werden. Eine Bekämpfung der Bakterien kann mit einem Medikament aus dem Zoohandel gegen bakterielle Flossen- und Kiemenfäule erfolgen. Nur wenn das keinen Erfolg bringt, ist der Einsatz von Neomycinsulfat, Tetracyclin oder Chloramphenicol angebracht (siehe ab Seite 49).

Die Anatomie der Diskusfische und anderer großer Cichliden

Wer Diskusfische oder andere große Cichliden sezieren will, muß sich mit dem inneren Bau, der Anatomie dieser Fische, vertraut machen. Dazu soll eine kurze Einführung in das Thema gegeben werden. Zunächst legt man den toten Fisch auf die Wachsschicht des Sezierbeckens und richtet ihn so, daß der Kopf nach links und die linke Körperseite nach oben liegt. Dann steckt man ihn mit Präpariernadeln durch die Rückenmuskulatur und die Schwanzwurzel im Wachs fest. Mit drei Schnittführungen wird die Leibeshöhle des Fisches geöffnet. Je nach Größe des Fisches benutzt man dazu die große oder eine kleine Schere. Mit dem spitzen Schenkel sticht man vor dem After in die Bauchdecke ein und öffnet diese mit einem zentimeterlangen Schnitt. Dann dreht man die Schere um, führt den stumpfen Schenkel der Schere in die Öffnung ein und schneidet nach vorn bis unter die Kiemen den Leib auf. Diesen Schnitt nennt man den Bauch- oder Ventralschnitt. Dabei muß man darauf achten, daß mit dem Schenkel der Schere, der sich im Inneren der Leibeshöhle befindet, kein Organ verletzt wird. Man drückt deshalb beim Schneiden etwas nach außen, so daß er an der Innenseite der

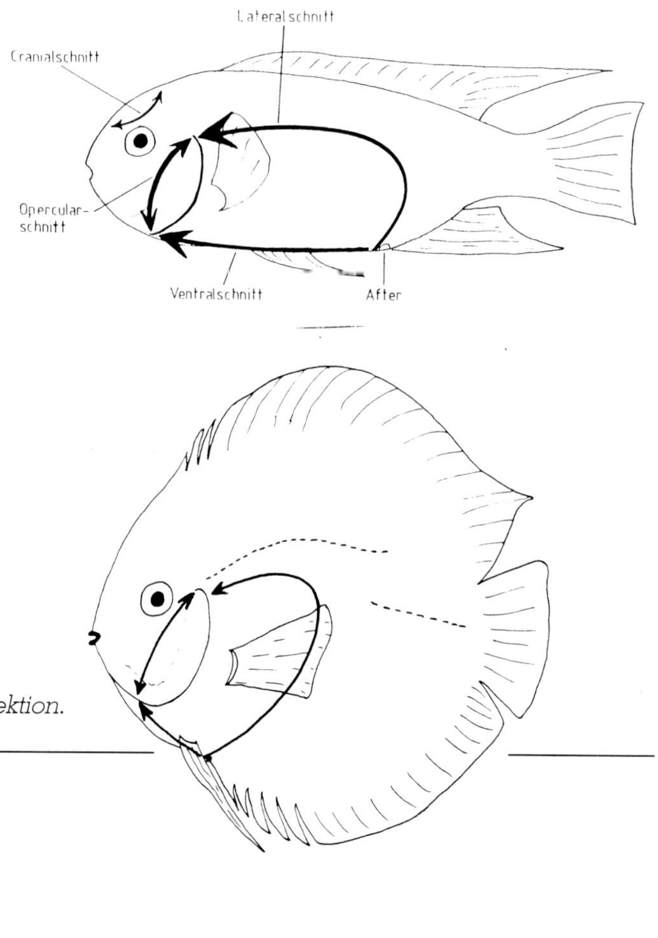

Schnitte bei der Sektion.

Bild Nr. 95: Schnittführung bei der Sektion eines Fisches.

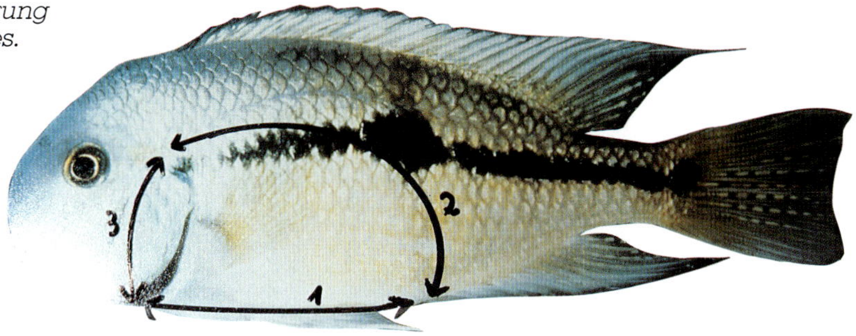

Bauchdecke entlanggleitet, ohne ein Organ anzustechen oder zu zerschneiden. Nun ändert man die Schnittrichtung und setzt die Schere wieder am Ausgangspunkt an. Dann schneidet man auf die gleiche vorsichtige Art und Weise um die Leibeshöhle herum bis zum oberen Ende des Kiemendeckels die Seite des Fisches auf, wie es in Bild Nr. 95 zu sehen ist. Diesen Schnitt nennt man den Seiten- oder Lateralschnitt. Nun nimmt man das Seitenteil mit einer Pinzette und versucht es nach vorne aufzuklappen. Bei älteren Fischen kann die Seitenwand durch Gewebe mit den inneren Organen leicht verwachsen sein. Diese Verwachsungen können mit einem Spatel durchtrennt werden. Die vorgeklappte Seitenwand wird durch einen dritten, die beiden anderen Schnitte verbindenden Schnitt abgetrennt. Jetzt liegt die Leibeshöhle offen und man hat freien Blick auf die inneren Organe des Fisches (Bild Nr. 96).

Im vorderen Bereich der Leibeshöhle liegt obenauf die Leber. Zum Rücken hin ist der untere Rand der Schwimmblase zu erkennen. Unter der Leber befinden sich Magen, Gallenblase und, je nach Fischart, die ganze Milz oder ein Teil davon. Die Darmschlingen ragen teilweise hinter der Leber hervor. Zwischen Darm und Schwimmblase sind die dünnen Hodenstränge eingebettet. Die Ovarien treten deutlich hervor, wenn sie sich entwickelnden Laich enthalten. Nur bei kleinen Fischen kann die Schwimmblasenhaut durchsichtig sein. In der Regel hat sie ein silbrigmilchigweißes Aussehen und ist von elasitischer Konsistenz. Die Niere befindet sich zwischen Schwimmblase und Wirbelsäule. Bei vielen Cichliden ist sie nur ein dünnes rotes Band. Muskelproben entnimmt man von der Seiten- und Rückenmuskulatur.

Die Bauchwassersucht

Die Bauchwassersucht tritt bei Diskusfischen und anderen Großcichliden nicht allzu häufig auf. Selten kommt es zu einer seuchenartigen Ausbreitung im Aquarium. Es sind fast immer nur einzelne Tiere betroffen. Die Krankheit ist am deutlichsten an einer Auftreibung des Leibes im Bereich der Leibeshöhle zu erkennen. Aufgrund dieses ersten Anzeichens ist der Fisch sofort in ein Quarantänebecken umzusetzen und die weitere Entwicklung zu verfolgen. Häufig sind Glotzaugenbildung, weißer, schleimiger Kot und Bläschen an der Seitenlinie zu beobachten. Schuppensträube tritt meist nur bei kleineren Cichliden auf. Wenn der betroffene Fisch keine weiteren Symptome als einen dicken Leib zeigt, liegt möglicherweise ein Darmverschluß oder eine Geschwulst vor (S. 117 und S. 106, Band I). Das ist oft dann der Fall, wenn der Fisch normal frißt. Bei Bauchwassersucht nehmen die Fische meistens keine Nahrung mehr zu sich, wenn der Leib schon aufgetrieben ist.

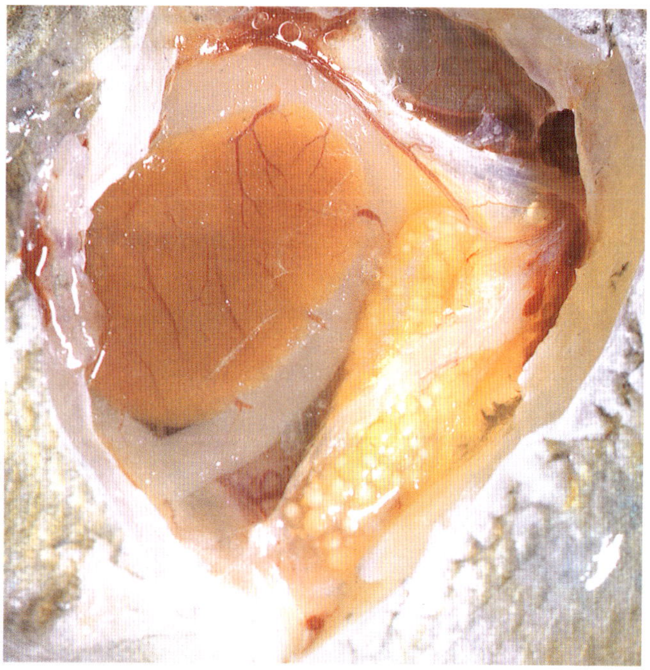

Bild Nr. 96: Geöffnete Leibeshöhle; die Leber, ein Teil des Darmes und die Eierstöcke sind sichtbar.

Die Krankheit ist trotzdem nur durch eine Sektion sicher nachzuweisen. Das ist vertretbar, weil den meisten Fischen in diesem Stadium sowieso nicht mehr zu helfen ist. Die inneren Organe sind schon so geschädigt, daß selbst durch die Gabe von starken Medikamenten nur ein kurzzeitiger Stillstand der Krankheit zu erreichen ist. Nach Absetzen der Medikamente dauert es nicht lange, bis die Krankheit fortschreitet und der Fisch stirbt.

Die Bauchwassersucht der Aquarienfische läßt sich ohne die Mittel eines mikrobiologischen Labors nicht auf einen speziellen Erreger zurückführen. Bei Freilandfischen ist die primäre Ursache eine Virusinfektion, die mit hochgradigen Infektionen durch Bakterien einhergeht. Ob bei Aquarienfischen ebenfalls Viren die Ursache sind, wurde noch nicht untersucht. Es können jedoch regelmäßig Bakterien der gleichen Gattungen wie bei Freilandfischen gefunden werden. Die Bauchwassersucht der Aquarienfische ist als eine Schwächekrankheit anzusehen, denn es sind immer nur vorgeschädigte und schwache Tiere betroffen. Im Anfangsstadium ist häufig eine gelb gefärbte Leber zu beobachten. Daraus kann auch geschlossen werden, daß die Bauchwassersucht bevorzugt Fische mit vorgeschädigter Leber betrifft oder die Leberschädigung eine der ersten Auswirkungen ist.

Seziert man einen Fisch mit stark aufgetriebenem Leib, so findet man in der Leibeshöhle Flüssigkeitsansammlungen von dünnflüssiger bis gallertartiger Konsistenz. Mitunter treten schon beim ersten Schnitt mehrere Milliliter der Flüssigkeit aus. Die Organe der Leibeshöhle sind geschrumpft und die Darmwand erscheint glasig-durchsichtig. Mitunter drückt die Flüssigkeit auf die Schwimmblase, so daß dem Fisch der Auftrieb fehlt. Diskusfische zeigen dann ein ähnliches Verhalten, wie es bei der Kopfsteherkrankheit zu beobachten ist. Wer ein Mikroskop mit hochauflösender Optik besitzt, kann bei 600- bis 1000facher Vergrößerung viele sich sehr schnell bewegende Bakterien beobachten. Sie können in fast allen Organen und der Flüssigkeit der Leibeshöhle gefunden werden. Große Cystome (siehe S. 106, Band I) werden aufgrund der vorhandenen Flüssigkeitsmengen leicht mit Bauchwassersucht verwechselt. In der Flüssigkeit sind meist nur wenige oder keine Bakterien enthalten.

Isolierte Fische behandelt man im Quarantänebekken mit Chloramphenicol (S. 49). Wurde aus einem Aquarium ein Fisch mit Bauchwassersucht entfernt, so können die anderen Fische vorbeugend mit Aquafuran oder Nitrofurantoin (S. 48) behandelt werden.

Die Herstellung von Organpräparaten

In den folgenden Abschnitten ist es notwendig, Präparate von Organen zu fertigen, um diese in eine Form zu bringen, die der mikroskopischen Untersuchung zugänglich ist. Darum wird nun folgend eine kurze Anleitung zur Herstellung von Organpräparaten gegeben. Beim Herstellen der Organ- und Darminhaltpräparate benutzt man grundsätzlich physiologische Kochsalzlösung (6,4 g Kochsalz auf einen Liter Wasser).

Zuerst schneidet man ein größeres Stück des betreffenden Organs ab und legt es auf eine feste Unterlage. Das kann eine Kunststoff-, Glas- oder Keramikplatte sein. Saugende Unterlagen sind nicht geeignet, da sie die der Probe anhaftende Flüssigkeit aufsaugen, so daß diese mit den enthaltenen Erregern nicht ins Präparat gelangt. Man betrachtet das Organstück genau von allen Seiten und prüft, ob auffällige Stellen daran zu erkennen sind. Ist das der Fall, schneidet man millimetergroße Stücke ab und überträgt mehrere davon auf einen staub- und fettfreien Objektträger. Dort zerreißt man die Stückchen mit

Gesunde Fische zeigen immer eine schöne Färbung. Stimmt die Farbe eines Fisches nicht mit der Normalfärbung überein, so ist das ein erstes Alarmzeichen für den Pfleger.

Bild Nr. 97: Gesunde Leber mit kräftig roter Farbe.

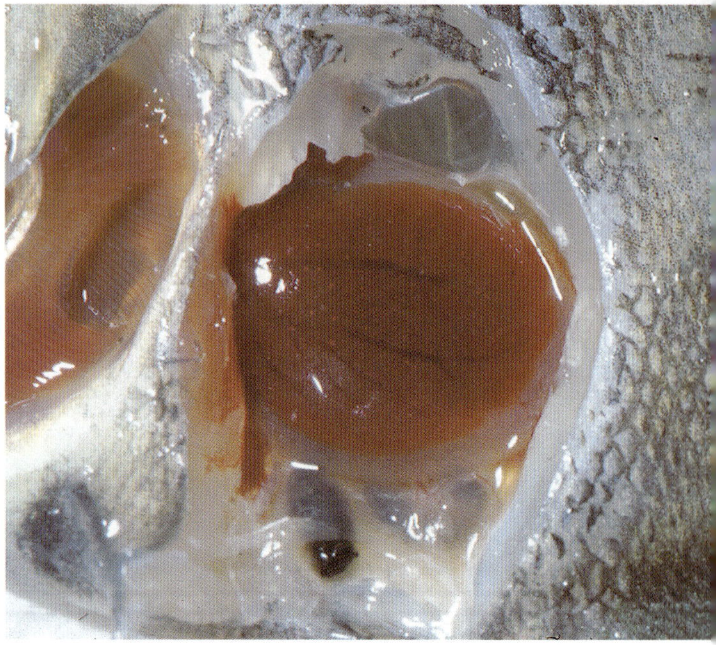

zwei Präpariernadeln so klein wie möglich. Dann gibt man einen Tropfen physiologische Kochsalzlösung darauf und deckt mit einem Deckglas ab. Durch leichten Druck mit der Spitze einer sauberen Nadel oder Pinzette auf das Deckglas kann man die Dicke des Präparates reduzieren. Ein solches Präparat nennt man Zupfpäparat. In ihm kann man Zysten von Tuberkulose oder Ichthyophonus sowie Parasitenlarven erkennen.

Möchte man Bakterien durch Färbung in dem Probenmaterial nachweisen, so muß das Präparat wesentlich dünner ausfallen. Man stellt ein Doppelquetschpäparat her. Dazu gibt man nur eins der kleinen Organstückchen auf einen sauberen und fettfreien Objektträger. Für die weitere Arbeit hält man den Objektträger mit der Schichtseite nach oben in der linken Hand. In die rechte Hand nimmt man einen zweiten sauberen Objektträger, legt ihn quer über den ersten und zerquetscht das Organstück unter festem aber vorsichtigem Drücken.

Vorsicht! Bei zu festem Druck können die Objektträger zerbrechen und schwere Schnittwunden zufügen. Die Gefahr von Infektionen ist dabei sehr hoch. Das Organstück kann auch durch drehende Bewegungen zermahlen werden. Zieht man die Objektträger senkrecht auseinander, ohne sie dabei zu verschieben, so haftet an jedem eine dünne Organschicht. Mit jedem der beiden Objektträger und je einem weiteren sauberen Objektträger wird der Vorgang wiederholt, so daß man vier Präparate erhält. Nun gibt man einen kleinen Tropfen Wasser darauf und deckt das Präparat mit einem Deckglas ab. Man mikroskopiert bei hoher Vergrößerung, um bewegliche Bakterien feststellen zu können. Sollen Färbungen durchgeführt werden, so ist es sinnvoll, gleich mehrere Proben zu quetschen. Diese werden jedoch nicht mit einem Deckglas abgedeckt, sondern bleiben bis zur weiteren Verarbeitung etwa eine Stunde offen liegen, damit sie trocknen.

Der Nachweis von unbeweglichen Bakterien erfolgt durch Einfärben der Proben. Dazu muß das Präparat hitzefixiert werden. Man nimmt den Objektträger an der schmalen Kante mit der Schichtseite nach oben. Dann führt man ihn dreimal zügig durch eine leuchtende Bunsenflamme. Auch die groß gestellte Flamme eines Gasfeuerzeuges ist zur Not dazu geeignet. Insgesamt darf der Objektträger nur so heiß werden, daß man zwar eine große Hitze verspürt, wenn man ihn auf den Handrücken drückt, sich aber nicht verbrennt. Danach wird der Objektträger fünf Minuten lang mit der Schichtseite nach oben in eine Schale mit Methylenblaulösung nach Löffler gelegt. Arbeiten Sie vorsichtig, damit keine Lösung verschüttet wird, sie färbt sehr stark. Zur Sicherheit führt man die Färbung auf einer dicken Tageszeitung aus, die verschütteten Farbstoff aufsaugt. Flecken auf Tischdekken, Möbeln, Teppichen und Kleidung lassen sich kaum noch entfernen. Nun fischt man den Objektträger mit einer Pinzette aus der Farblösung und spült ihn unter fließendem Wasser ab, bis keine Farbe mehr abgeht. Dann trocknet man die Unterseite mit Fließpapier und deckt an der Oberseite das Präparat mit einem Deckglas ab. Mit etwas Fließpapier saugt man das Wasser am Rand des Deckelglases an, bis das Deckglas direkt auf dem gefärbten Material aufliegt. Nun kann es mit dem Mikroskop untersucht werden. Nach dieser Methode kann man außer Organmaterial auch Blut, Flüssigkeit aus der Galle oder der Leibeshöhle und Darminhalt färben. Flüssiges Untersuchungsmaterial muß mit einem Spatel oder einer Nadel auf dem Objektträger dünn ausgestrichen werden.

Erkrankungen von Leber und Galle

Die Leber sollte beim erwachsenen Fisch eine kräftige, rotbraune Farbe haben (Bild Nr. 97). Blasse, hellbraune oder gelbliche Verfärbung weist auf eine Verfettung hin. Diese kann durch falsche Ernährung oder eine Infektion des Organs durch Bakterien und Viren verursacht werden. Eine erkrankte, verfettete Leber kann ihre Funktion nicht mehr vollständig erfüllen, daher ist in der Folge mit Mangelerscheinungen, insbesondere mit Vitaminmangel, zu rechnen. Die Lebern kleiner Jungfische haben meist eine kräftige hellrote Farbe. Bei alten Fischen wechselt dann die Farbe in ein kräftiges Braun. Fische, die sich rein pflanzlich ernähren, haben eine gelb-braune Leber. Zunächst prüft man die Leber auf äußerlich Veränderungen. Bei älteren Fischen sind mitunter Cystome festzustellen (S. 106, Band I).

Kleine helle, runde Flecken bis zu 2 mm Größe auf und in der Leber können Metacercarien- oder Nematodenzysten sein. Sie sind in der Regel nur bei Wildfängen zu beobachten. Um die Diagnose zu sichern, schneidet man mit einer kleinen Schere die betreffende Stelle heraus und stellt ein Präparat her. Wenn man das Präparat nicht zu dick anfertigt und nicht zu fest preßt, kann man bei geringer Vergrößerung im Inneren der Zyste die sich bewegende Metacercarien- oder Nematodenlarve sehen. Eine Behandlung mit Medikamenten ist nicht erforderlich; zudem können absterbende Larven zu Vergiftungen führen. Ein Befall durch Tuberkulose äußert sich durch kleine, helle Zysten an und in der Leber, die bei genauem Hinsehen mit dem bloßen Auge erkennbar sind. Im Zupfpräparat erscheinen die Zysten dunkel mit einem hellen Rand (Bild Nr. 98). Tuberkulose befällt meist geschwächte oder nicht artgerecht gehaltene Fische. Eine Behandlung mit Antibiotika bringt meist nur eine kurzfristige Besserung.

Zur weiteren Untersuchung faßt man den hinteren Rand der Leber und hebt ihn hoch. Man schneidet mit einer Schere ein zentimetergroßes Stück ab und legt es in ein flaches Schälchen. Dann fertigt man Zupfpräparate an. Bei 100facher Vergrößerung sieht man das gesunde Gewebe als gelbliche Masse, in der feine Blutäderchen verlaufen. Erscheint das Gewebe weißlich, grau oder sind viele silbrig schimmernde Kügelchen unterschiedlicher Größe zu sehen, ist die Leber krankhaft verfettet (Bild Nr. 99). Eine

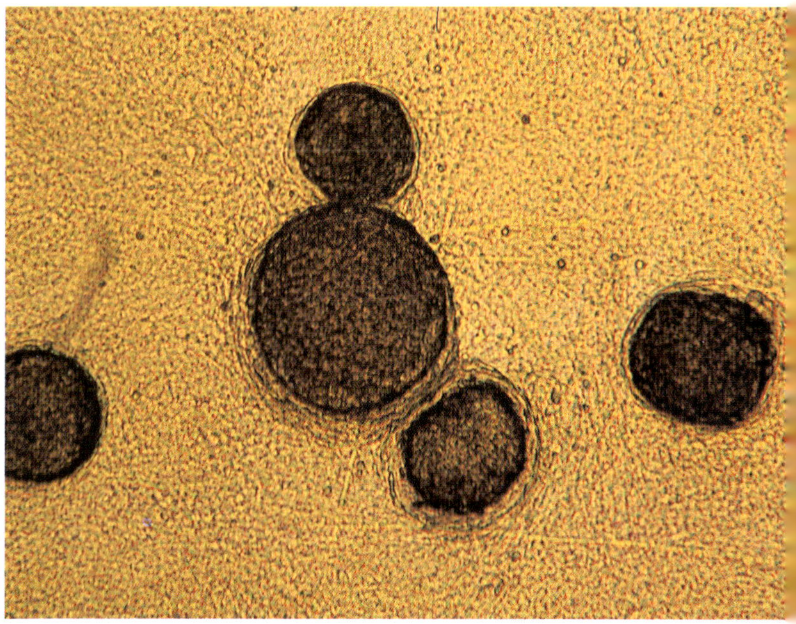

Bild Nr. 98: Tuberkulosegranulome in der Leber. Mikroskop Vergr.: 80×, Abb. Vergr.: 90×

Bild Nr. 99: Gequetschtes Zupfpräparat einer verfetteten Leber.
Mikroskop Vergr.: 63×, Abb. Vergr.: 70×

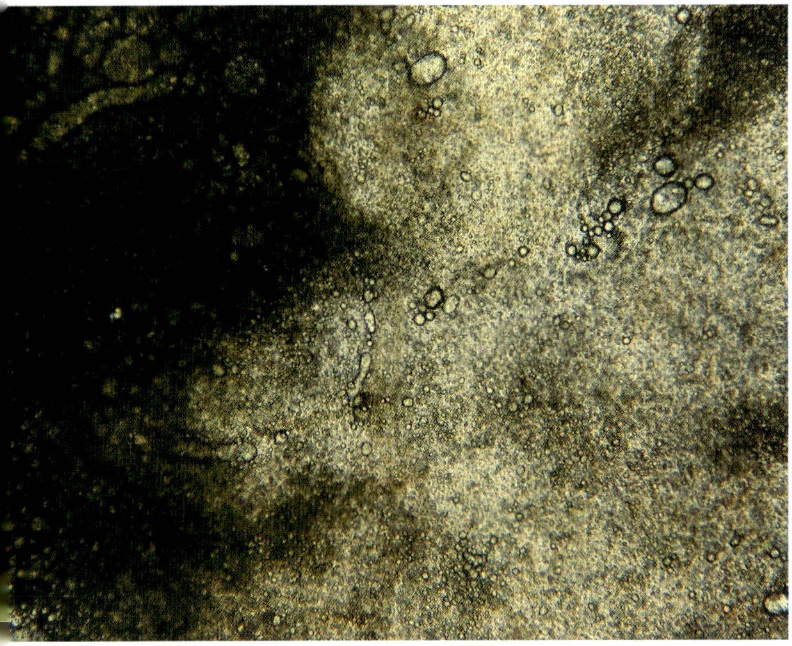

sehr verfettete Leber regeneriert sich nur schwer, die betroffenen Fische bleiben lange Zeit empfindlich und anfällig für Krankheiten. Sehr dünn gequetschte Präparate können auf Bakterien untersucht werden. Ohne eine Färbung heben sich die Bakterien jedoch nur schlecht von dem Gewebe ab. Hat man Granulome gefunden und vermutet Tuberkulosebakterien als Verursacher, so können diese durch eine Ziehl-Neelsen- Färbung nachgewiesen werden. Da die Durchführung der Färbung eine gewisse Sachkenntnis und Laborausrüstung voraussetzt, deren Vermittlung den Rahmen dieses Buches überschreitet, sei auf weiterführende Literatur verwiesen (Amlacher, 1981; Untergasser, 1989). Die Granulome entstehen durch Einschluß der Bakterienherde in mehrschichtiges, helles Bindegewebe. Die Erreger werden dadurch vom Körpergewebe abgekapselt und unschädlich gemacht. In älteren Granulomen sind darum oft keine Bakterien mehr nachweisbar. Die Granulome können sehr verschieden in ihrer Form sein. Kreisrund oder elliptisch ist die am häufigsten vorkommende Form, aber auch skurril verzweigte Zysten sind nicht selten.

Leicht mit Tuberkulose zu verwechseln sind die Zysten des Pilzes Ichthyophonus hoferi, früher Ichthysporidium hoferi genannt. Die Erkrankung tritt jedoch bei südamerikansichen Cichliden nur sehr selten auf, so daß hier auf Fachliteratur verwiesen werden soll (Amlacher, 1981; Reichenbach-Klinke, 1968, 1980; Roberts, 1985).

Hebt man die Leber mit einer Pinzette an, so wird darunter der Magen, ein Teil des Darmes, die Milz und die mit grüner Flüssigkeit gefüllte Gallenblase sichtbar (Bild Nr. 100). Sie ist mit dem vorderen Teil der Leber verbunden. Der Gallengang führt die Gallenflüssigkeit im Bedarfsfall in den Darm ab. Als Folge einer Entzündung kann der Gallengang verstopfen. Die Gallenblase vergrößert sich dann um das Vielfache. Folglich staut sich die Gallenflüssigkeit in

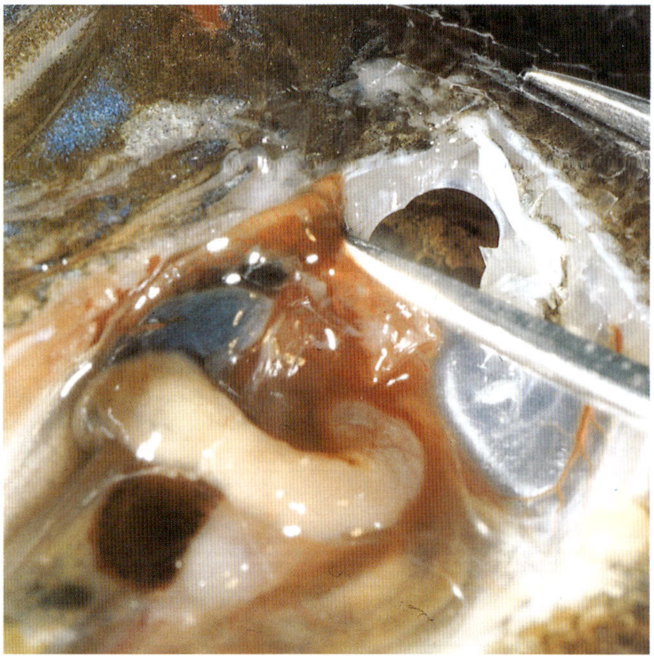

Bild Nr. 100: Die Gallenblase befindet sich zwischen Leber und vorderem Darm.

die Leber zurück und verfärbt sie teilweise grünlich. Die Untersuchung der Galle ist etwas schwierig, da die Gallenwand sehr dünn und empfindlich ist. Sticht man sie an, so fließt die Flüssigkeit in die Leibeshöhle und kann nicht mehr in reiner Form für die Untersuchung gewonnen werden. Darum ist es gerade für den Anfänger oder Laien sinnvoll, den vorderen Teil der Leber zusammen mit einem Stück Darm und der Gallenblase herauszuschneiden. Man bringt alles zusammen auf einen Objektträger, entfernt die Organteile von der Galle und zerschneidet diese. Teile der Gallenblasenwand werden mit zwei Präpariernadeln in der ausgetretenen grünen Flüssigkeit ausgebreitet und mit einem Deckglas abgedeckt. Zunächst untersucht man das Präparat mit geringer Vergrößerung auf Würmer, dann bei 100- bis 200facher Vergrößerung auf Flagellaten. Um Bakterien feststellen zu können, ist eine Vergrößerung von 600fach notwendig. Larven von Capillaria wandern manchmal vom Darm in die Gallenblase und von da aus in die Leber. Flagellaten und Bakterien befallen auf die gleiche Art und Weise die Galle. Sie vermehren sich dort und infizieren dann die Leber. Von da aus gelangen sie in den Blutkreislauf und werden in alle anderen Organe transportiert. Dieses Krankheitsbild findet man mitunter bei völlig abgemagerten Diskusfischen und bei Fischen mit Bauchwassersucht. Manchmal ist den Fischen auch äußerlich nichts anzusehen. Sie werden jedoch mit der Zeit unter mangelndem Appetit leiden, anfällig für andere Krankheiten sein und sich häufiger dunkel färben.

Meistens bleiben solche massiven inneren Mischinfektionen Einzelfälle. Wenn die anderen Fische kräftig sind, haben sie genügend Abwehrkräfte gegen die Erreger. Ist man sich dessen jedoch nicht sicher, kann zur Behandlung HEXA-ex ®, Metronidazol, Aquafuran, Nitrofurantoin und Chloramphenicol (siehe ab S. 48) angewendet werden.

Erkrankungen der Milz

Unter dem hinteren Teil der Leber befindet sich die Milz. Sie kann runde oder längliche Form haben. Ihre Farbe ist ein kräftiges Dunkelrot (Bild Nr. 101). Die Milz ist ein Blutspeicherorgan und hat unter anderem die Aufgabe, dem Blutkreislauf überalterte rote Blutkörperchen zu entziehen. Sie ist an den Pfortaderkreislauf angeschlossen und wird meist zuerst infiziert, wenn sich Erreger über den Blutkreislauf im Fisch ausbreiten. Darum ist es wichtig, bei jeder Sektion die Milz zu untersuchen. Zunächst inspiziert man die Oberfläche des Organs mit einer Lupe und prüft, ob sich kleine oder große weiße, graue oder schwarze rundliche Zysten daran befinden. Auch Cystome treten manchmal an der Milz auf. Danach entnimmt man eine Probe und fertigt ein Zupfpräparat an. Man quetscht die Gewebestückchen etwas, indem man

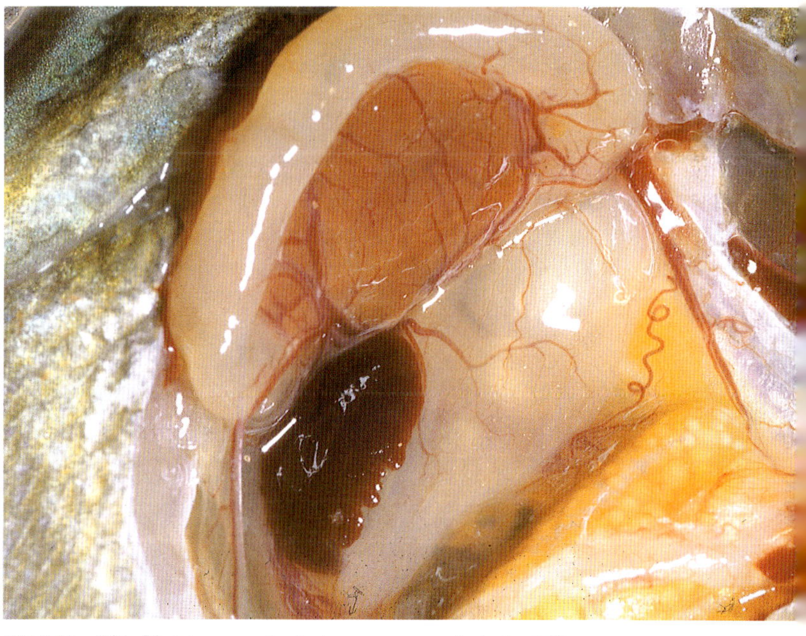

Bild Nr. 101: Hebt man die Leber an, so wird die Milz sichtbar.

mit einem stumpfen Gegenstand auf das Deckglas drückt. Bei geringer Vergrößerung betrachtet, erscheint das Milzgewebe hellrot. Bei höherer Vergrößerung erkennt man hellere, körnige Strukturen. Schon bei 50facher Vergrößerung fallen hell- bis tiefdunkelbraune Flecken im Präparat auf. Das sind sogenannte Makrophagenkonglomerate. Sie bestehen aus Makrophagen, so werden bestimmte Freßzellen des Immunsystems genannt. Ihre Aufgabe besteht darin, alte rote Blutkörperchen und Fremdkörper aus dem Blut zu entfernen, indem sie sie phagozytieren, also auffressen. Aufgrund des hohen Blutdurchflusses nisten sich Krankheitserreger oft zuerst in der Milz ein. Wie in der Leber äußert sich eine Infektion durch Bildung von Sporozoen-, Metacercarien-, Nematoden- und Tuberkulosezysten im Gewebe. Aber auch ein vermehrtes Auftreten der Makrophagenkonglomerate deutet auf eine vorhandene oder sich entwikkelnde Infektion hin. Ohne aufwendige mikrobiologische Laborausrüstung kann jedoch nicht die Ursache festgestellt werden.

Sporozoenerkrankungen treten bei südamerikanischen Cichliden nur selten auf. Sie sind bei Labyrinthfischen, Salmlern und Lebendgebärenden wesentlich häufiger zu finden. Sporentierchen bilden kleine bis große weißlich erscheinende Zysten an der Milz, Leber, Muskulatur und anderen Organen. Man schneidet die betroffene Gewebestelle heraus und fertigt ein Zupfpräparat an. Durch Druck auf das Deckglas bringt man die Zyste zum Platzen. Dann mikroskopiert man bei 300- bis 600facher Vergrößerung. Die winzigen Sporen treten in Strömen aus den Zysten aus und sind überall im Präparat zu finden (Bild Nr. 102). Manche Sporozoenarten haben so kleine Sporen, daß sie nur mit hoch auflösenden Objektiven als solche zu erkennen sind. Um sie besser erkennen zu können, färbt man die luftgetrockneten Präparate ohne Hitzefixierung mit Methylenblaulösung. Bei

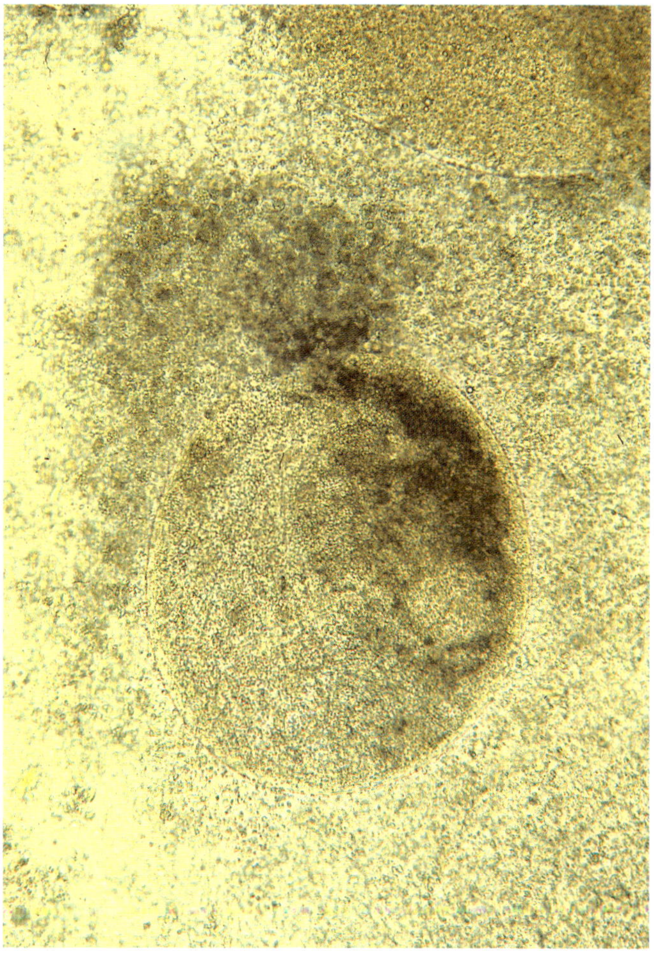

Bild Nr. 102: Sporozoenzyste; beim Quetschen des Präparates treten die Sporen aus der Zyste aus. Mikroskop Vergr.: 63×, Abb. Vergr.: 70×

Skalaren wurden schon Myxospora-Sporen in der Muskulatur des Rückens gefunden. Die Übertragung erfolgte wahrscheinlich durch Lebendfutter aus Fischteichen.

Erkrankungen des Darmes

Die Untersuchung des Darmes ist eines der wichtigsen Mittel zur Diagnosestellung und deshalb obligatorisch (Bild Nr. 103). Die meisten Erkrankungen der Großcichliden haben ihren Ursprung im Darm. Der Hauptgrund dafür ist die besonders empfindliche Reaktion der Darmschleimhaut auf Streß. Der Magen-Darm-Trakt der Fische ist ununterbrochen damit beschäftigt, die mit der Nahrung und dem geschluckten Wasser eingedrungenen Erreger zu bekämpfen. Die Krankheitserreger werden von der gesunden Schleimhaut des Magens durch Absonderung von Säuren und Enzymen unschädlich gemacht. Aber auch im gesamten Bereich des Darmes bekämpfen die Schleimsekrete Erreger, welche die Magenbarriere überwinden konnten. Eine übermäßig hohe Ansammlung von Erregern im Darm läßt somit schon den Schluß auf eine geschädigte Darmschleimhaut zu. Weiterhin ist das ein Zeichen dafür, daß die Fische direkt oder indirekt unter Streß stehen. So konnte bei den Streßversuchen von Peters, 1988, festgestellt werden, daß schon nach einer mehrtägigen Streßbelastung der Fische die Darmschleimhaut mit einer Entartung des Epithels reagiert. Das führt zu einer rapiden Verringerung der Leistungsfähigkeit der Darmschleimhaut. In der Folge wird nicht mehr so viel Schleimhaut nachgebildet, wie der Selbstverdauung zum Opfer fällt. Die schützende Schicht wird darum immer dünner und durchlässiger. Außerdem kommt die Bildung der erregerabwehrenden Stoffe zum Erliegen. Alle Erreger können sich ungehemmt vermehren, was zu weiteren Reizungen führt. Schließlich können die Erreger die geschwächte Darmwandbarriere überwinden und den Organismus überschwemmen.

Zur Untersuchung nimmt man den Darm in seiner ganzen Länge heraus und breitet ihn auf einer festen Unterlage aus. Das kann eine Glasplatte oder ein flacher Teller sein. Ein saugender Untergrund ist ungeeignet, da er zu viel Wasser entzieht und die Erreger aufsaugt. Man bereitet nun mindestens drei Objektträger vor und gibt je einen kleinen Tropfen Wasser darauf. Dann schneidet man von Anfang und Ende und aus der Mitte je ein 10 bis 15 Millimeter großes Stück des Darmes ab. Die Stücke werden der Länge nach aufgeschnitten und dann auf die Objektträger übertragen. Sie werden mit Präpariernadeln derart auf den Objektträgern ausgebreitet, daß die Innenseite des Darmes nach oben zu liegen kommt. Man gibt noch eine kleinen Tropfen phys. Kochsalzlösung darauf und deckt mit einem Deckglas ab. Nun kann man die Darmschleimhaut mit dem Mikroskop auf Parasiten untersuchen. Um Bakterien und Flagellaten besser sehen zu können, schneidet man weitere

Bild Nr. 103: Gesunder Darm im mikroskopischen Präparat.
Mikroskop Vergr.: 63×, Abb. Vergr.: 70×

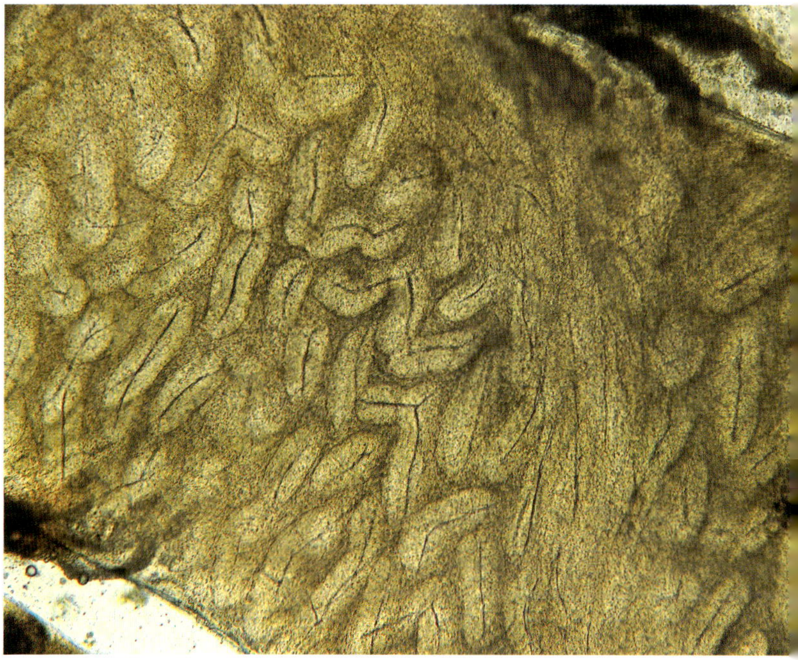

Stücke vom Darm ab, greift sie mit einer spitzen Pinzette an einem Ende und legt sie auf einen Objektträger. Mit einem Spatel streift man den Inhalt des Darmstückes heraus auf den Objektträger. Das Darmstück selbst wird nicht präpariert. Man gibt nur wenig Wasser hinzu, damit das Präparat sehr dünn wird. Nun kann man bei hoher Vergrößerung auch kleine Erreger finden.

Wurmbefall

Capillaria

Capillaria oder Haarwürmer treten bei allen Fischarten häufiger auf. Trotzdem ist nur selten ein seuchenartiger Befall festzustellen. Ihren Namen erhielten diese Nematoden aufgrund des extremen Verhältnisses der Länge, die manchmal mehr als drei Zentimeter betragen kann, zur Breite, die nur Bruchteile eines Millimeters beträgt. Den Fischen ist nur bei sehr starkem Befall etwas anzusehen. Sie färben sich dann zeitweilig dunkel und werden appetitlos. Da jedoch fast immer zusätzlich auch ein Befall von Flagellaten vorliegt, kann das nicht eindeutig den Würmern zugeschrieben werden. Bei einem Massenbefall von Capillaria kann man davon ausgehen, daß die Fische durch weitere Erkrankungen oder Infektionen geschwächt sind. In ansonsten gesunden Fischen können sich die Würmer nicht ungehemmt vermehren. Die zweite Möglichkeit für Massenbefall ist gegeben, wenn durch Lebendfutter große Mengen von Capillariaeiern in das Aquarium eingeschleppt werden. In einem belegten Fall im Frühjahr 1989 geschah dies durch Wasserflöhe, welche die im Teich treibenden Wurmeier mit ihrer Nahrung eingestrudelt hatten. Als die Krebschen den Diskusfischen verfüttert wurden, infizierten diese sich massiv. Die Fische fühlten sich nach wenigen Tagen schon deutlich unwohl, fraßen schlecht und wuchsen nicht mehr. Et-

In einem eingerichteten Aquarium nehmen die Fische immer wieder Capillariaeier vom Bodengrund auf. Eine Bekämpfung ist deshalb besonders schwierig und langwierig.

Bild Nr. 104: Mittlerer Teil eines Capillaria sp. mit Eiern im Inneren.
Mikroskop Vergr.: 160×, Abb. Vergr.: 180×

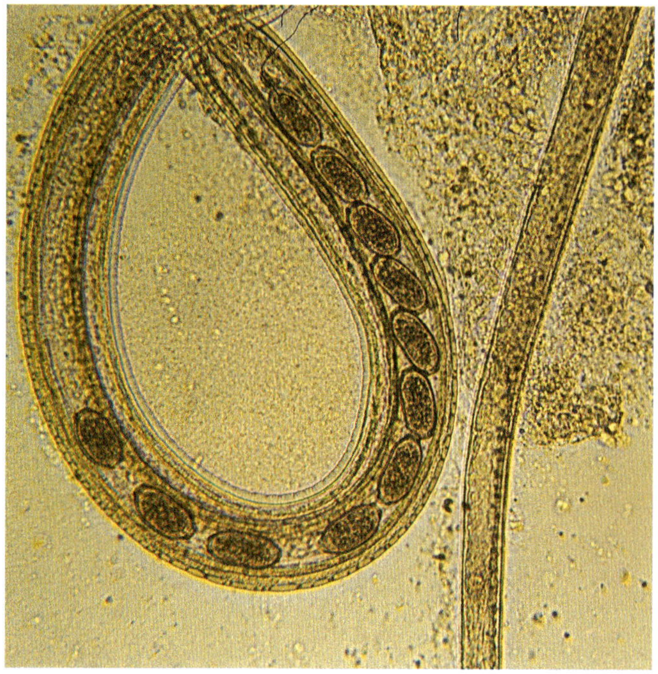

wa dreitausend Diskusfische und Skalare waren infiziert. Eine einmalige Behandlung mit Flubenol und Aceton (siehe S. 46) tötete die Würmer restlos und ohne Reinfektion ab. Zur Diagnose wurde Herr Gregus, München gerufen. Er führte auch die Behandlung und Erfolgskontrolle durch.

Capillaria sp. sind eingeschlechtlich, darum müssen zur Vermehrung immer zwei Würmer unterschiedlichen Geschlechts in einem Fisch zusammen kommen. Die Geschlechter sind schon bei 100facher Vergrößerung zu unterscheiden. Im Inneren der Weibchen liegen die Eier hintereinander wie die Perlen einer Kette (Bild Nr. 104). Die männlichen Würmer haben ein stachelartiges Begattungsorgan, das Spiculum an ihrem Hinterende. Lebende Capillaria sind nur sehr selten im Kot zu finden. Möchte man sie mit dem Mikroskop betrachten, muß man einen Fisch sezieren und den Darminhalt vorsichtig präparieren.

Da weibliche Capillaria ständig Eier in großer Zahl produzieren und ausscheiden, sind diese selbst bei geringem Befall im Kot der Fische nachweisbar. Sie sind mit einer Länge von 50 Mikrometern recht klein. Man untersucht ein frisches Kotpräparat bei 200facher Vergrößerung. Hat man etwas entdeckt, das den Eiern ähnlich sieht, schaltet man auf eine Vergrößerung von 400- bis 600fach um und stellt fest, ob es sich um Capillariaeier handelt. Diese sind an den charakteristischen sektkorkenartigen Deckeln zu erkennen (Bild Nr. 105).

Die Übertragung im Aquarium geschieht durch die Aufnahme von Eiern bei der Nahrungsaufnahme vom Bodengrund. Diese machen am Bodengrund des Aquariums eine Art Ruhestadium durch. Wenn die Verdauungssäfte einwirken, entwickeln sich die Eier schnell weiter, so daß im Darm die Capillarialarve schlüpft. Die Behandlung der Würmer ist mit Masoten nicht möglich. Sehr gute und langfristige Erfolge bei der Bekämpfung von Capillaria wurden mit

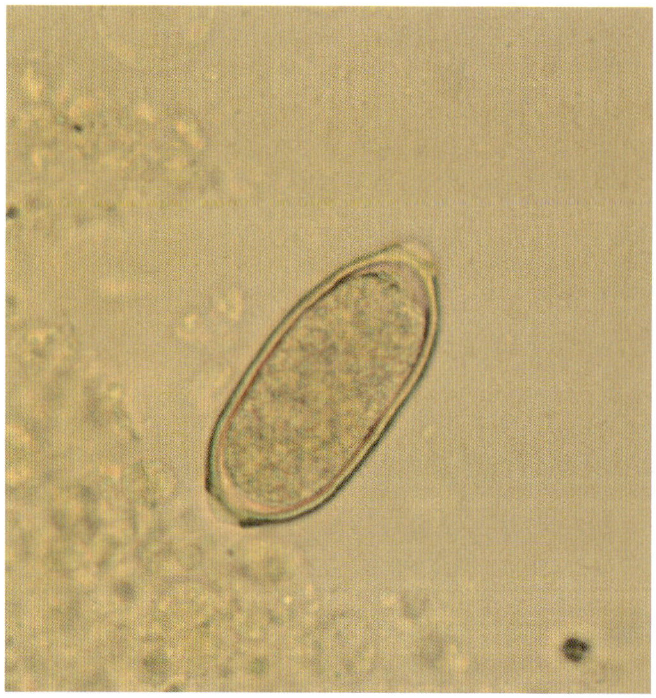

Bild Nr. 105: Ei von Capillaria sp.
Mikroskop Vergr.: 630×, Abb. Vergr.: 820×

Flubenol 5 % erzielt (siehe S. 46). Wer eine wurmfreie Anlage hat, sollte grundsätzlich alle neu gekauften Fische während der Quarantänezeit vorbeugend mit Flubenol 5 % behandlen.

Oxyurida, der Diskus-Madenwurm

Den deutschen Namen erhielt dieser Nematode aufgrund seiner Ähnlichkeit mit dem bei Menschen parasitierenden Oxyuris vermicularis, dem Madenwurm. Beide werden der Ordnung Oxyurida zugestellt. Der Diskus-Madenwurm ist systematisch noch nicht näher bestimmt (Bild Nr. 106). Den Fischen sieht man den Befall erst an, wenn schon sehr viele dieser Würmer in ihrem Darm leben. Jungfische bleiben dann im Wachstum zurück. Große Fische zeigen zeitweilig ein Unwohlsein. Erst bei extrem starkem Befall werden sie langsam mager. Im Darm eines 3 cm großen Diskusfisches konnten 5 geschlechtsreife weibliche, 9 männliche und 10 halbwüchsige Würmer, sowie 22 Larvern als Rekordbefall festgestellt werden. Da bisher in allen von mir untersuchten Fischen, die vom Madenwurm befallen waren, auch Darmflagellaten vorhanden waren, konnten die Krankheitsanzeichen nicht eindeutig den Würmern zugeschrieben werden. Es ist nicht auszuschließen, daß die Diskus-Madenwürmer keine echten Parasiten, sondern Kommensalen sind. Das sind Lebewesen, die an oder in anderen Lebewesen leben, sich aber nicht von deren Substanz ernähren und keine schädlichen Ausscheidungen haben. Sie können ihrem Wirt jedoch durch den Entzug von Nährstoffen schaden.

Die Diskus-Madenwümer leben überwiegend im mittleren Bereich des Darmes. Die weiblichen Würmer sind wesentlich größer als die männlichen. Sie erreichen eine Länge von ungefähr 4 Millimetern. Man kann sie mit dem bloßen Auge sich im Präparat bewegen sehen. Die Männchen werden nur etwa 1,5 mm lang (Bild Nr. 107). Charakteristisches Erkennungsmerkmal ist der lange Schlund mit der muskulösen Verdickung am Ende. Dahinter beginnt der Darm, der sich fast bis zu dem spitzen Hinterende des Wurmes durch den Körper zieht und dort in eine Kloake mündet. An den Geschlechtsorganen lassen sich die Geschlechter äußerlich unterscheiden. Während das weibliche Hinterende spitz zuläuft, hat das Männ-

Bild Nr. 106: Diskus-Madenwurm, weiblich, Ordnung Oxyurida.
Mikroskop Vergr.: 50×, Abb. Vergr.: 60×

Bild Nr. 107: Diskus-Madenwurm, männlich.
Mikroskop Vergr.: 100×, Abb. Vergr.: 100×

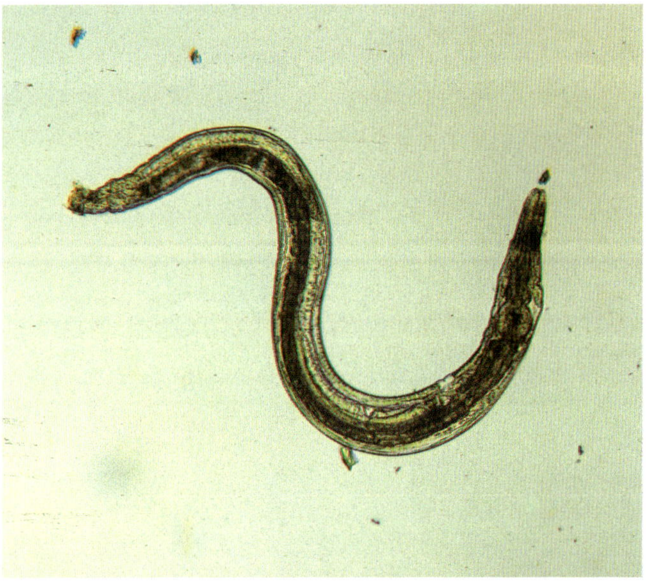

chen dort eine Haftscheibe mit seitlichen auswüchsen und einem Saugnapf, der zum Festhalten bei der Begattung dient. Bei lebenden Weibchen kann man mitunter beobachten, daß ausgeschiedene Eier durch lange, klebrige Eischnüre noch lange Zeit mit der Geschlechtsöffnung verbunden bleiben (Bild Nr. 108). Die anfangs elastischen und reißfesten Schnüre, in die die Eier eingebettet sind, werden mit der Zeit spröde und zerbrechen. So kann man im Kot nur Eier mit kurzen Reststücken der Schnüre finden. Die Eier sind länglich oval und haben eine Länge von knapp 100 Mikrometern und 50 Mikrometern Breite (Bild Nr. 109). Normalerweise entwickeln sich die Eier noch im Darm der Fische, so daß nur wenige mit dem Kot vom Fisch ausgeschieden werden.

Die Übertragung auf andere Fische erfolgt durch Fressen von Kot und die Aufnahme von Eiern beim Fressen vom Bodengrund. Außer bei Skalaren wur-

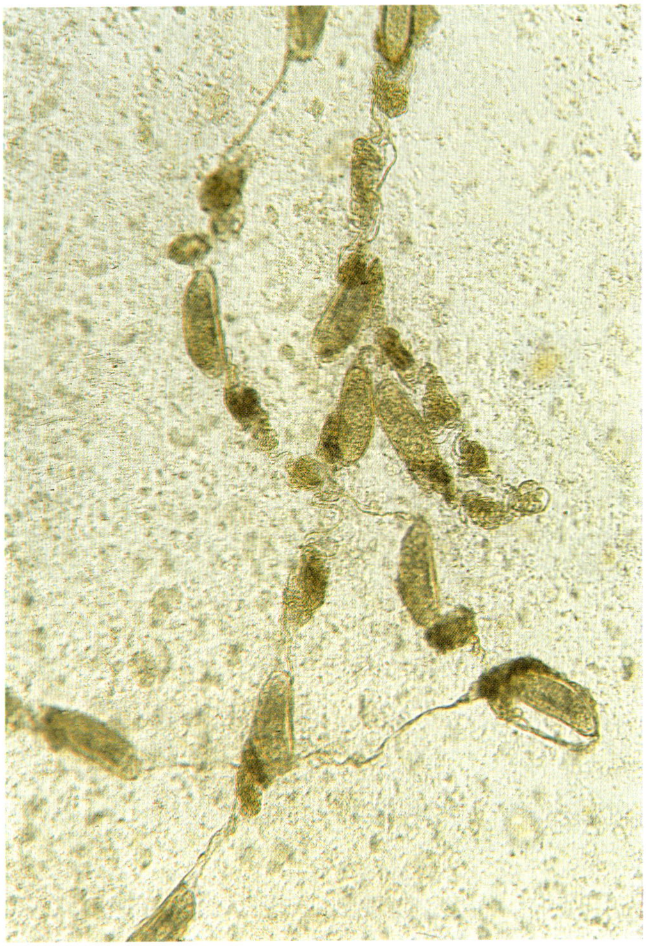

Bild Nr. 109: Eier des Diskus-Madenwurms mit Resten der Eischnüre.
Mikroskop Vergr.: 160×, Abb. Vergr.: 175×

de der Diskus-Madenwurm bisher noch bei keiner anderen Fischart nachgewiesen.

Wenn Jungfische schlecht wachsen, kann die Ursache ein Befall durch Diskus-Madenwürmer sein. Eine genaue Diagnose ist nur durch mehrmalige Entnahme frischer Kotproben und deren mikroskopische Untersuchung zu stellen. Manchmal sind abgestorbene Würmer oder Eier der Würmer darin zu finden. Die Würmer sind schon durch eine Lupe mit dem bloßen Auge zu sehen. Um die Eier zu finden, mikroskopiert man die Kotpräparate bei 100- bis 200facher Vergrößerung. Als vorbeugende Maßnahme gegen das Einschleppen der Diskus-Madenwürmer empfiehlt es sich, neu gekaufte Fische während der Quarantäne mit Flubenol 5 % zu behandeln. Masoten ist in der anwendbaren Dosis völlig unwirksam gegen die Darmnematoden, das konnte bei mehreren Züchtern nachgewiesen werden. Bitte bedenken Sie, daß Fische verschiedene Eier mit der Nahrung aufnehmen, die man dann im Kot wiederfinden kann. Sie können von Mücken, Rädertieren und Würmern stammen, die im Aquarium leben und völlig harmlos sind (siehe S. 33, Band I). Es ist daher wichtig, die Eier der Darmparasiten erkennen zu können.

Camallanus

Der Fräskopfwurm Camallanus sp. tritt bei Diskusfischen und anderen Großcichliden nicht häufig auf. In der Regel wird er mit anderen Fischen in das Aquarium eingeschleppt. Meistens sind Lebendgebärende, Labyrinther und Salmler von diesem Parasiten befallen. An diesen Fischen ist häufig zu beobachten, daß die Würmer sich bis zur Hälfte aus dem After der Fische schlängeln, wenn diese ruhig im Wasser stehen. Die Würmer schaden den Fischen durch ihre kräftigen Mundwerkzeuge. Sie beißen sich im Darm fest und klemmen dabei einen kleinen Teil der Darmwand ab. An dieser Stelle stirbt das Gewebe ab. Bei stärkerem Befall entstehen kleine Löcher im Darm, wodurch Darmbakterien und andere Erreger in die Leibeshöhle gelangen. Das führt zu Infektionen, an denen die Fische schnell und meist unter Vergiftungserscheinungen sterben.

Die Würmer werden bis zu zwei Zentimeter lang und etwa ein bis eineinhalb Millimeter dick. Sie haben eine bräunliche bis kräftig rote Farbe. Am vorderen Ende befindet sich der sogenannte Fräskopf, der jedoch kein Bohrwerkzeug, sondern ein zangenförmiges, muskulöses Klammerorgan ist (Bild Nr. 110). Im Inneren der weiblichen Würmer kann man schon bei geringer Vergrößerung Hunderte von Larven sehen, die auch ständig ausgeschieden werden. Sie fallen auf den Bodengrund, können dort aber nicht lange überleben. Da sie nicht schwimmfähig sind, müssen sie von einem Fisch mit dem Futter aufgenommen werden.

Bild Nr. 108: Gerade ausgeschiedene Eier, die noch durch die Eischnur mit dem Muttertier verbunden sind.
Mikroskop Vergr.: 40×, Abb. Vergr.:80×

Bild Nr. 110: Camallanus sp. mit lebenden Larven im Inneren.
Mikroskop Vergr.: 63×, Abb. Vergr.: 85×

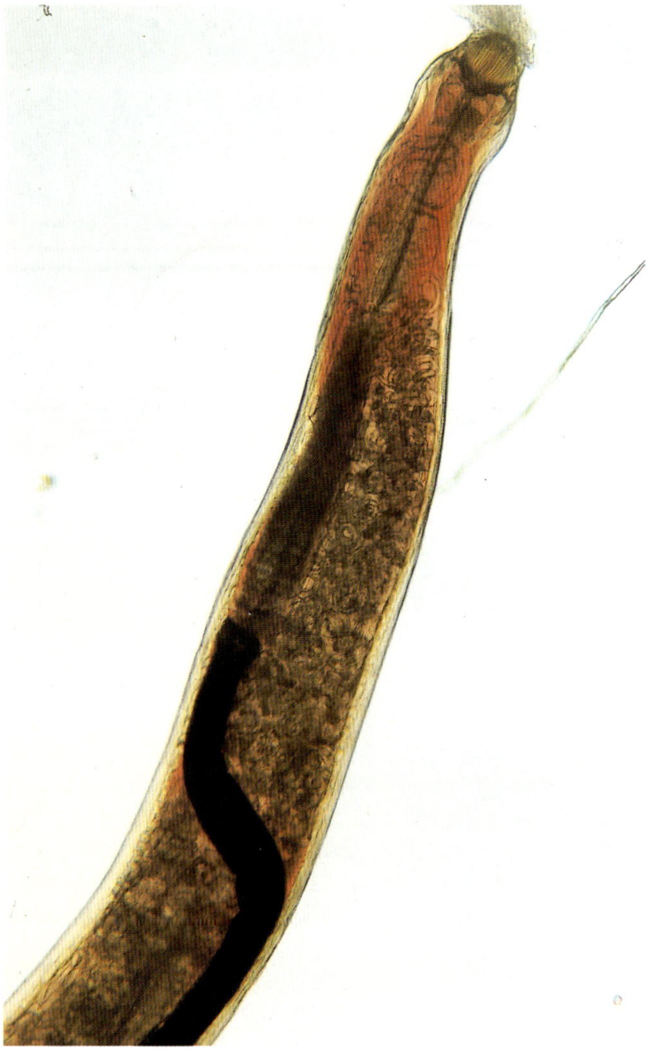

Zur Behandlung eignet sich Masoten bedingt, da es nur auf die außerhalb des Darmes befindlichen bzw. die aus dem After heraushängenden Würmer einwirken kann. Würmer, die sich häufiger oder nur im Inneren aufhalten, können die Behandlung überleben. Ebenso viele Larven, da sie sich oft nicht im Enddarm aufhalten. Bisher konnte bei den meisten Behandlungen mit Masoten kein dauerhafter Erfolg festgestellt werden. Sicherer ist es, Flubenol 5 % im Futter oder im Wasser zu verabreichen. Aber auch hier konnten nach einer dreiwöchigen Behandlung im Laufe der nachfolgenden Wochen vereinzelt wieder Würmer festgestellt werden. Durch eine Nachbehandlung nach zwei Wochen über weitere 21 Tage konnte auch in hartnäckigen Fällen ein Erfolg erzielt werden.

Kratzer und Bandwürmer

Kratzer treten im Aquarium nur sehr selten auf, da sie nur durch Verfüttern lebender Bachflohkrebse oder Wassserasseln eingeschleppt werden können. Mir ist bisher noch kein Fall bekannt geworden, wo Diskusfische oder andere Großcichliden davon betroffen waren. Kratzer sind große Würmer mit Hakenrüsseln, die sich in der Darmwand festhaken (Bild Nr. 111). Die Würmer können sich im Aquarium nicht vermehren, weil die aus den Eiern schlüpfenden Larven Wasserasseln, Schlammfliegenlarven oder Bachflohkrebse als Zwischenwirte benötigen. Nur wenn Fische solche Zwischenwirte fressen, können sich die Würmer entwickeln. Dazu kommt, daß Kratzer sehr wirtspezifisch sind. Eine Behandlung befallener Fische kann mit einer viertel Tablette Droncit® von Bayer auf 100 g Futter versucht werden.

Ein Befall durch Bandwürmer kommt dagegen bei Diskusfischen öfter vor. Sie sind mehrere Zentimeter lang, dicht gegliedert und haben eine bleichweiße Farbe (Bild Nr. 112). Auch die Bandwürmer brauchen zur Entwicklung einen Zwischenwirt. Das sind meist Copepoden (Cyclops) oder Schlammröhrenwürmer. In mehreren belegten Fällen wurden Diskusfische durch Verfütterung mit Hüpferlingen massiv mit Bandwürmern infiziert. Nach telefonischer Mitteilung

Bild Nr. 111: Hakenrüssel eines Kratzers. Mikroskop Vergr.: 63×, Abb. Vergr.: 70×

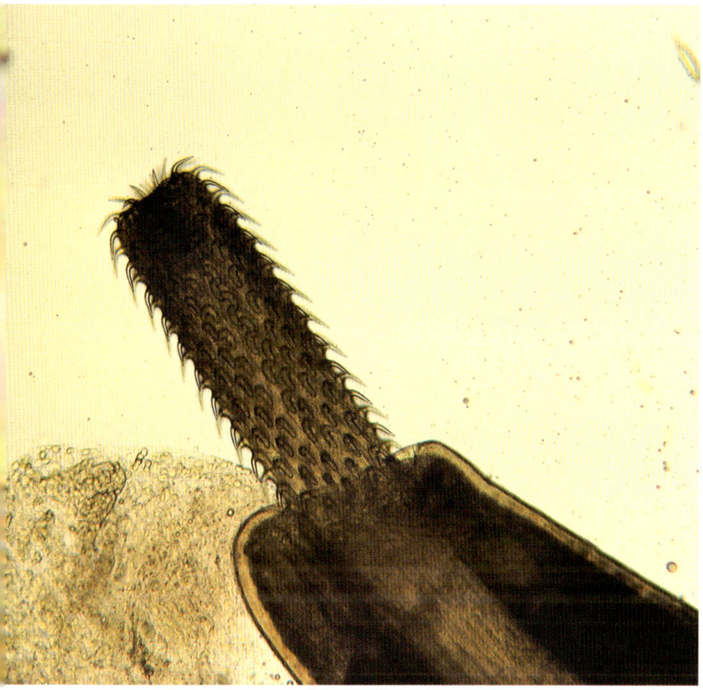

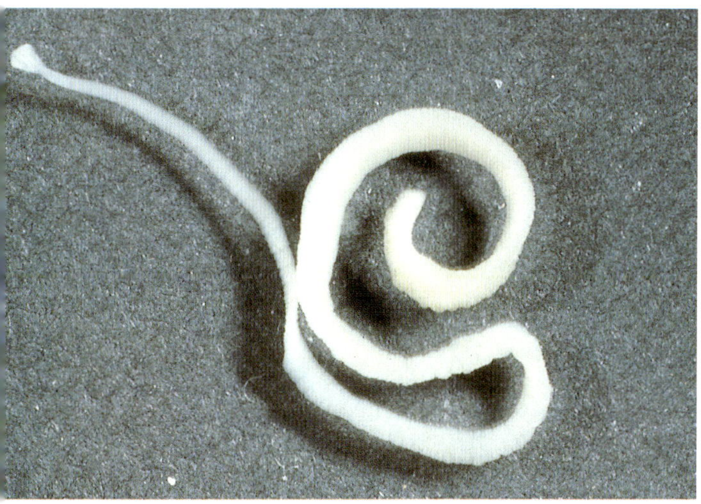

Bild Nr. 112: Bandwurm aus einem Diskusfisch. Länge: 5 cm.

von Aquarianern konnten sich die Bandwürmer sogar im Aquarium vermehren, weil in dem Becken kleine Hüpferlinge lebten. In mehreren Fällen konnte bei intensiver Vermehrung der Bandwürmer kein Zwischenwirt im Aquarium festgestellt werden (Teufel, 1990). In der Regel ist das nicht der Fall. Da die Bandwürmer jedoch eine Lebensdauer von mehreren Monaten haben, können sie sich in großer Anzahl im Darm anreichern. Verstopfungen und Mangelkrankheiten sind die Folgen des Befalls. Die Behandlung kann mit Droncit ® wie voran angegeben erfolgen. Sehr gute Behandlungserfolge wurden auch von verschiedenen Züchtern durch Verfüttern von Flubenol 5 % erzielt.

Flagellatenbefall

Die Infektion des Darmes durch Flagellaten ist eine der häufigsten Erkrankungen bei Diskusfischen und anderen Cichliden. Flagellaten sind Einzeller mit je nach Gattung unterschiedlicher Größe, Form und Geißelzahl. Die Geißeln oder Flagellen sind dünne, fadenartige, bewegliche Auswüchse, die der Fortbewegung dienen. Flagellaten werden für die meisten Fischarten erst in großer Zahl schädlich, geringe Mengen werden problemlos vertragen. In ansonsten gesunden Fischen können sich die Darmflagellaten nicht ungehemmt vermehren. Sind die Fische jedoch durch andere Krankheiten oder durch Umweltfaktoren, wie ungeeignetes, ballaststoffarmes Futter oder falsche Wasserwerte, geschwächt, vermehren sich die Flagellaten ins Unermeßliche. Sie entziehen der Nahrung im Darm der Fische wichtige Nährstoffe, reizen die Darmschleimhaut und schwächen die Fische dadurch zusätzlich. Es kommt zu einem gegenseitigen Hochschaukeln, bis die Fische sichtlich geschwächt sind, sich dunkel färben, die Nahrung verweigern und abzumagern beginnen. Bei Diskusfischen können sich in Verbindung mit anderen Faktoren Löcher in der Kopfregion bilden (siehe Bild Nr. 39). Im Extremfall zeigen die Fische eingefallene Rükkenpartien, sogenannte Messerrücken, und Einschmelzungen an den Flossenrändern sowie Löcher in den Flossen (siehe Bild Nr. 55 bis 58). Aber schon lange vorher kann man bei vielen der befallenen Fische einen schleimig-weißen Kot feststellen.

Flagellaten kommen nicht aus der Luft, dem Leitungswasser oder tiefgekühltem Futter, sondern werden immer mit Fischen oder Wasser aus infizierten Becken in das Aquarium eingeschleppt. Der häufigste Übertragungsweg ist von den Elterntieren auf die Jungfische. Trotz der so oft durchgeführten Behandlungen sind flagellatenfreie Zuchtanlagen sehr selten. Die parasitären Flagellaten werden systematisch verschiedenen Gattungen zugeordnet. Zur Bestimmung muß man die Geißeln zählen. Das ist jedoch meist nur dann möglich, wenn die Flagellaten abgetötet sind. Man setzt einen kleinen Tropfen Formalin (35 %ig) an den Deckglasrand und kann dann beobachten, wie die Erreger im Präparat absterben. Das Präparat muß sehr dünn sein, daß man mit 400- bis 600facher Vergrößerung mikroskopieren kann. Die Geißeln sind erkennbar und können gezählt werden.

Vorsicht! Das Formalin darf nicht mit Händen, Augen und den Objektiven des Mikroskops in Berührung kommen. Bei der Arbeit mit Formalin sind die Sicherheitshinweise, die in der Apotheke erfragt werden können, zu beachten.

Der Vollständigkeit halber sei an dieser Stelle darauf hingewiesen, daß in jedem Aquarium unzählige pflanzliche und tierische Flagellaten leben, die für die Fische völlig harmlos sind. Sie sind schon nach kurzer Zeit im Kot zu finden, auch wenn dieser nur wenige Minuten dem Aquarienwasser ausgesetzt war. Unerfahrene Mikroskopiker können sie deswegen leicht für parasitäre Flagellaten halten.

Hexamita und Spironucleus

Hexamita und Spironucleus sind die bekanntesten Flagellatengattungen, sie gehören systematisch zur Familie Hexamitidae. Hexamita parasitiert hauptsächlich bei Salmoniden des Kaltwassers, während Spironucleus überwiegend bei Warmwasseraquarienfischen vorkommt. Beide besitzen acht Geißeln, die am vorderen Ende der Zelle entspringen (Bilder Nr. 113 und Nr. 114). Zwei davon werden in Rinnen an der Zelloberfläche zum hinteren Ende geführt, wo sie als steife Schleppgeißeln der Steuerung dienen. Die anderen sechs Geißeln sind sehr beweglich und sorgen für eine schnelle Fortbewegung. Diese gleicht

Bild Nr. 113: *Hexamita sp. aus einem Diskusfisch.*
Mikroskop Vergr.: 1600×, Abb. Vergr.: 1600×

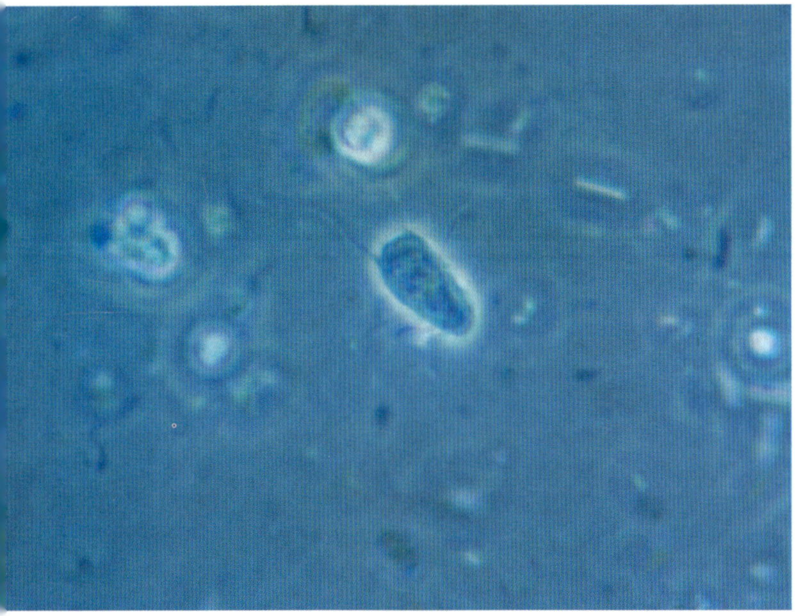

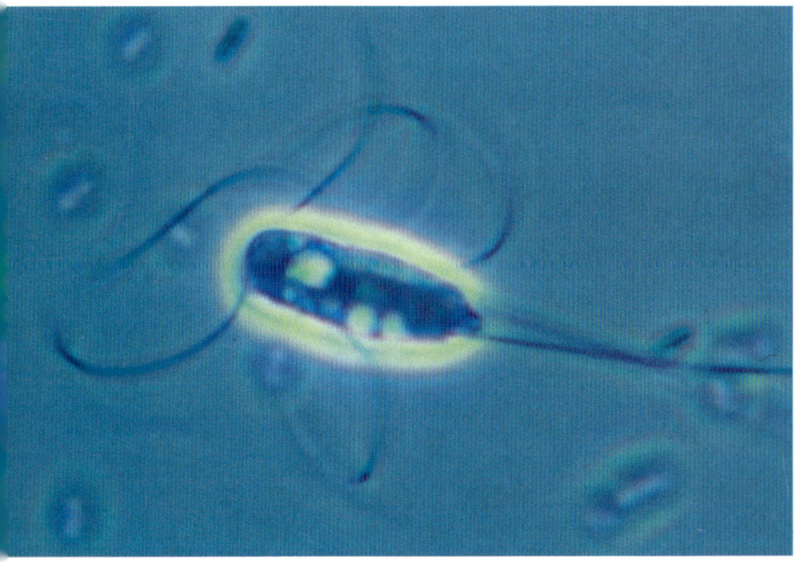

Bild Nr. 114: Spironucleus sp.
Mikroskop Vergr.: 1000×, Abb. Vergr.: 2300×

der Fortbewegungsart von Hüpferlingen, ist nur wesentlich schneller. Die unterschiedliche Form der Zellkerne der beiden Gattungen kann nur durch eine spezielle Präparation und Einfärbung nachgewiesen werden, während die verschiedene äußere Zellform der beiden Gattungen mit einem guten Mikroskop bei 600- bis 800facher Vergrößerung sichtbar ist. Die Größe der Erreger liegt zwischen 8 und 14 Mikrometern. Trotz des unterschiedlichen Erscheinungsbildes und Aufbaus der Zelle werden die beiden Gattungen von manchen Autoren nur als eine Gattung, nämlich Hexamita, aufgefaßt. Die Unterscheidung beider Gattungen ist nur von wissenschaftlichem Interesse, für die Praxis und die Behandlung ergeben sich keine Unterschiede. Diese kann mit HEXA-ex® aus dem Zoohandel oder mit Metronidazol erfolgen (siehe S. 41).

Trichomonas

Trichomonaden sind viergeißelige Flagellaten mit plumper Zellform, die Ähnlichkeit mit einem Wasserfloh aufweist. Die vier Geißeln entspringen der 10 bis 16 Mikrometer großen Zelle am vorderen Ende (Bild Nr. 115). Eine Geißel wird, durch eine dünne Membran mit der Zelloberfläche verbunden, in Wellenlinie über der Oberfläche zum hinteren Teil geführt. Sie ragt dort als Schleppgeißel über die Zelle hinaus. Die anderen drei Geißeln sind Schlaggeißeln, die nahezu synchron bewegt werden. Dadurch entsteht eine langsame, torkelnd-hüpfende Fortbewegungsweise. In der Nähe der Stelle wo die Schleppgeißel den Zellkörper am Hinterende verläßt, ragt ein gerader stachelförmiger Auswuchs aus der Zelle, der Achsenstab. Er setzt sich im Inneren bis in den vorderen Bereich fort und tangiert dort den Zellkern. Trichomonaden treten selten in solchen Massen auf wie andere Flagellaten. Die Schädigung der Fische ist nur

Bild Nr. 115: Trichomonade
Mikroskop Vergr.: 1008×, Abb. Vergr.: 1000×

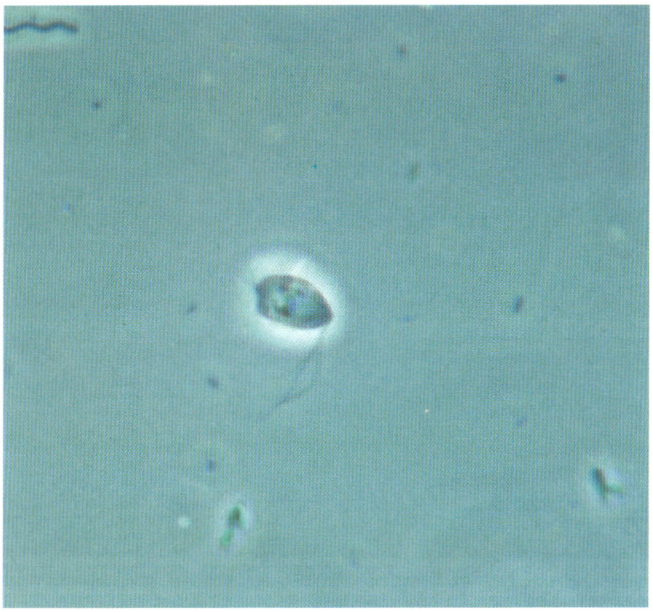

gering. Die Bekämpfung kann mit HEXA-ex® oder Metronidazol erfolgen.

Bodomonas und Cryptobia

Bodomonas sp. und Cryptobia sp. sind zweigeißlige Flagellaten, die der Ordnung Bodonidea zugeordnet werden. Auch die Ektoparasien Costia necatrix und Cryptobia branchialis (S. 67 und 69) gehören in diese Ordnung. Die Bodonidea bewegen sich sehr schnell schlängelnd und dabei drehend fort, wodurch die Gattungen schwer zu unterscheiden sind. Viele bei Aquarienfischen vorkommende Arten wurden bisher noch nicht näher bestimmt. Aufgrund ihrer Größe von 16 bis 28 Mikrometern kann man sie schon bei der geringen Vergrößerung von 100fach im Darminhalt- oder Kotpräparat gut erkennen. Für die Bestimmung muß man die Flagellaten im Präparat mit Formalin abtöten und bei 500- bis 800facher Vergrößerung mikroskopieren.

Die spindelförmige Zelle ist bei den meisten Arten schmal und leicht gebogen. Dem Vorderende entspringen die beiden Geißeln, eine dient als Schlaggeißel der Fortbewegung, während die andere an der Zelloberfläche nach hinten geführt wird und als Schleppgeißel weit über das Zellende hinausragt (Bild Nr. 116). Fische aus dem Tanganjika- und Malawisee reagieren sehr empfindlich auf einen Befall durch diese Flagellaten. Schon wenige Tage nach der Infektion koten sie weiß und schleimig und bekommen einen aufgetriebenen Bauch. Wenn nicht rechtzeitig eine Behandlung erfolgt, sterben sie bald darauf.

Die einfache Behandlung mit Metronidazol bringt meist nur einen kurzzeitigen Erfolg, weil die Flagellaten sich in der Darmwand zur Vermehrung encystieren. Darum ist es ratsam, die Behandlung zweimal

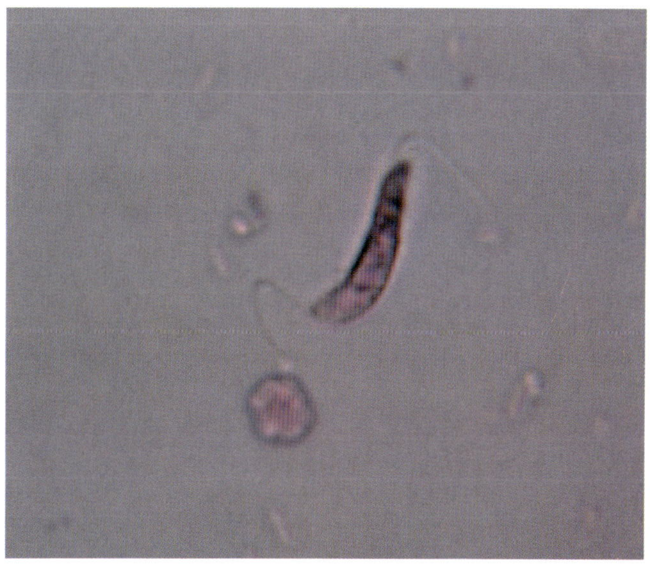

Bild Nr. 116: Zweigeißliger Flagellat aus der Gattung Bodomonas.
Mikroskop Vergr.: 630×, Abb. Vergr.: 1200×

Bild Nr. 117: Die Schleppgeißel ist bei der Gattung Bodomonas nicht fest mit der Zelle verbunden und löst sich ab.
Mikroskop Vergr.: 1000×, Abb. Vergr.: 1200×

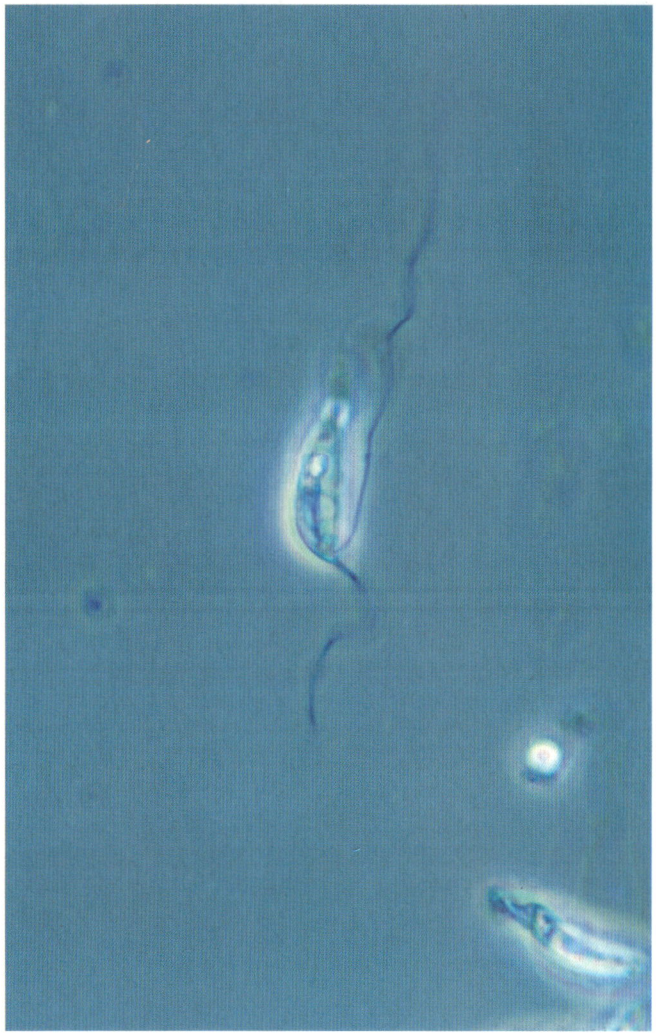

durchzuführen. Zwischen den Behandlungen soll eine Ruheperiode von 3 bis höchstens 5 Tagen sein (siehe S. 41).

Von der Gattung Bodomonas gibt es verschiedene Arten zwischen 16 und 22 Mikrometern Größe. Die Schleppgeißel ist nicht mit der Zelloberfläche verwachsen (Bild Nr. 117). Bei manchen Arten liegt die Schleppgeißel fest in eine Rinne der Zelloberfläche eingefügt, bei anderen löst sie sich leicht heraus.

Cryptobia-Arten werden zwischen 20 und 28 Mikrometer groß. Bei allen Cryptobia sp. ist die Schleppgeißel durch eine schmale undulierende Membran mit der Zelloberfläche fest verwachsen. Entlang der Basis der undulierenden Membran sind im Inneren viele hintereinander angeordnete Organellen zu sehen (Bild Nr. 118). Charakteristisch ist für Cryptobia, daß sie sich mit dem vorderen Teil in die Zwischenräume der Darmschleimhaut drängen. Das Hinterende schlägt dabei mit der Schleppgeißel mit schwingenden Bewegungen in das Darmlumen hinein. Bei hoher Befallsdichte sieht die Darmschleimhaut wie dicht bewachsen aus. Der Geißelschlag erfolgt dann nahezu synchron in Wellenbewegungen.

Cryptobia treten bei vielen Freilandfischen hauptsächlich als Blutflagellaten auf. Die Übertragung erfolgt durch blutsaugende Parasiten wie Karpfenlaus und Egel. Bei Aquarienfischen treten sie nur dann im Blut auf, wenn sie über sich öffnende Zysten in ein Blutgefäß gelangen. Vermehren sich die Flagellaten erst einmal im Blut, dann kann man sie in allen inneren Organen nachweisen.

Protoopalina, der Diskusparasit

Opaliniden sind die größten Flagellaten, die es gibt. Der Aquarianer wird nur mit einer Art konfrontiert, dem „Diskusparasit" Protoopalina symphysodonis. Dieser wird mehr als 100 Mikrometer groß (Bild

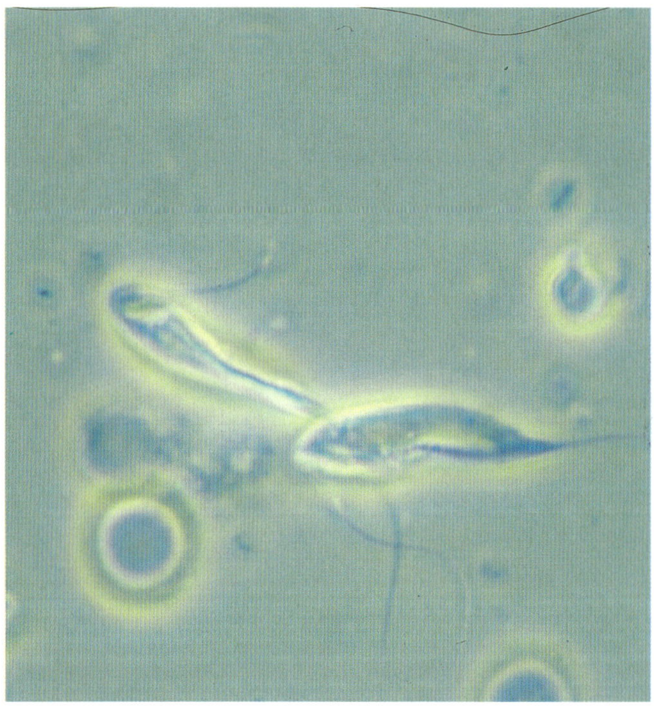

Bild Nr. 118: Cryptobia sp.
Mikroskop Vergr.: 1000×, Abb. Vergr.: 1500×

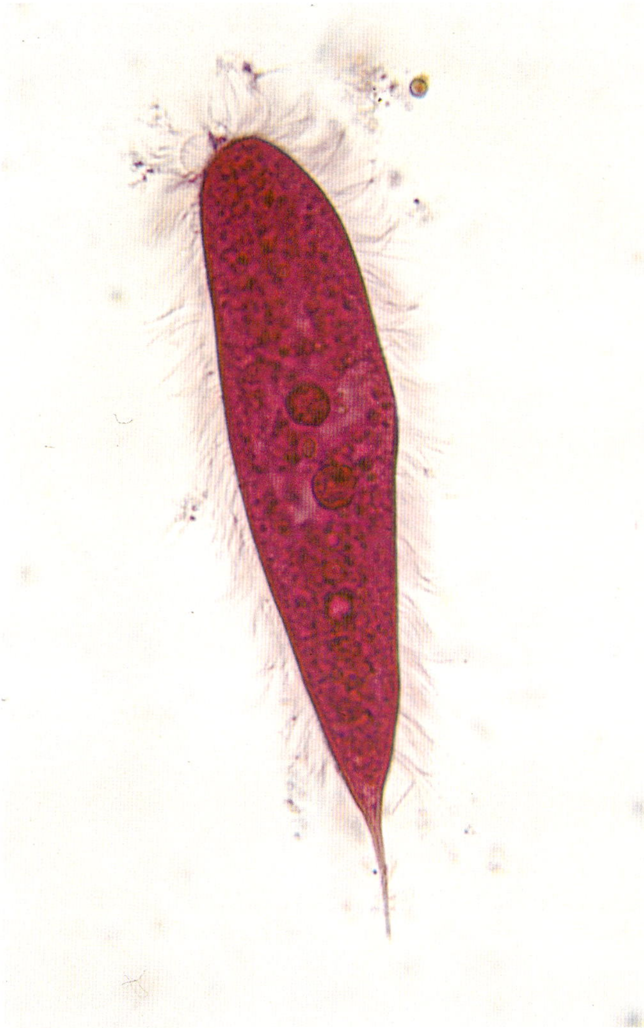

Bild Nr. 119: Der „Diskusparasit" Protoopalina symphysodonis. Fuchsinfärbung. Größe: etwa 100 Mikrometer. Abb. Vergr.: 1000×

Nr. 119). Aufgrund der dichten Begeißelung ihrer Zelloberfläche gleichen die „Diskusparasiten" eher den bewimperten Ciliaten und werden auch häufig mit ihnen verwechselt. Die Geißeln sind in spiralförmigen Linien um die Zelle angeordnet und können koordiniert bewegt werden. Das gibt dem Flagellat eine ebensolche Manövrierfähigkeit, wie sie bei Ciliaten, z.B. bei Pantoffeltierchen, zu beobachten ist. Im Unterschied zu diesen besitzen die Opaliniden keinen Zellmund, sie nehmen die Nahrung nach Flagellatenart über die gesamte Zelloberfläche auf.

Das Vorderende ist leicht abgewinkelt, und das Hinterende läuft in eine stachelförmige Spitze aus, mit der sich der Flagellat an festen Bestandteilen des Darminhaltes anheften kann. Zum Anstechen der Darmwand ist diese Spitze nicht geeignet, wie oft vermutet wird. In der vorderen Mitte des Zelleibes sind nach Einfärbung mit Methylenblau oder Fuchsin zwei kugelige Zellkerne erkennbar, die durch einen Plasmastrang miteinander verbunden sind. Die Schwimmbewegung ist schnell- gleitend, wobei sich der Flagellat um seine Längsachse dreht. Da der Diskusparasit an ein Leben im Darm gut angepaßt ist, fehlen ihm Organellen zur Ausscheidung von eingedrungenem Wasser. Darum hat er nach dem Ausscheiden mit dem Fischkot im weichen Diskuszuchtwasser keine Überlebenschance. Er bläht sich durch das eindringende Wasser auf und platzt nach kurzer Zeit. Eine Übertragung von Fisch zu Fisch ist nur durch Fressen von frischem Kot möglich. Die Vemehrung der Flagellaten erfolgt ungeschlechtlich durch Zweiteilung in Längsrichtung. Eine geschlechtliche Vermehrung wird vermutet, ist aber noch nicht nachgewiesen worden. Wie der deutsche Name „Diskusparasit" schon beinhaltet, ist der Erreger sehr wirtsspezifisch und lebt hauptsächlich in Diskusfischen. Zweimal konnte ich aber auch schon einzelne Exemplare im Darminhalt von Skalaren finden.

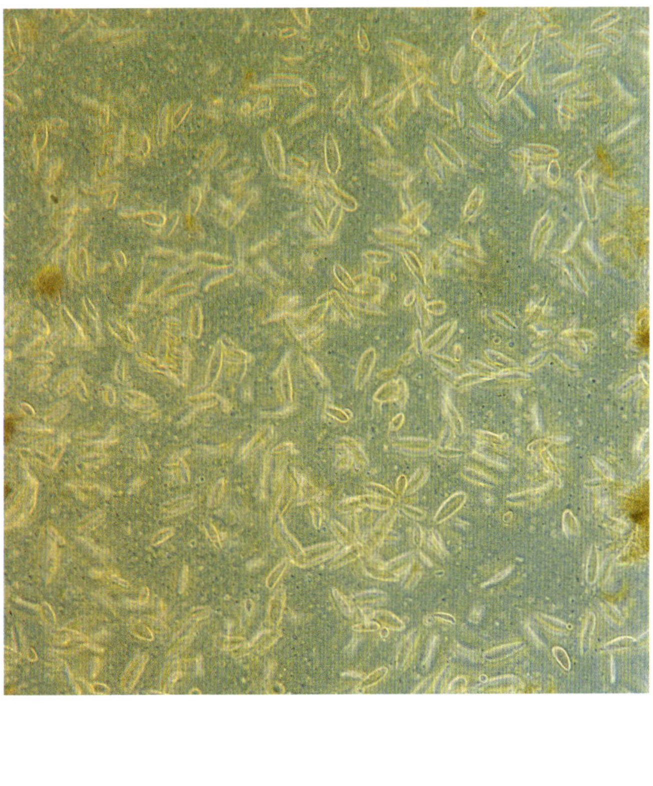

Bild Nr. 120: Massenbefall des Darmes durch Protoopalina. Mikroskop Vergr.: 63×, Abb. Vergr.: 70×

Da die Erreger mitunter in riesigen Mengen im Darminhalt auftreten, ohne daß die Diskusfische irgendwelche Krankheitssymptome zeigen, sind es wohl keine Parasiten, sondern Kommensalen. Sie ernähren sich nur aus dem Darminhalt, ohne den Fischen zu schaden (Bild Nr. 120). Nur bei kleinen Jungfischen kann ein Verlangsamen des Wachstums bei hoher Befallsdichte beobachtet werden. Zur Diagnose fertigt man ein Präparat von frisch abgesetztem Kot an und mikroskopiert es bei 50- bis 100facher Vergrößerung. Die Protoopalina fallen sofort auf. Eine Behandlung kann mit HEXA-ex® oder Metronidazol erfolgen (S. 41).

Dieter Untergasser konnte schon zweimal den „Diskusparasiten" bei Skalaren nachweisen. In Aquarien ist eine Krankheitsübertragung einfacher, als in der freien Natur mit unermesslichen Wassermengen. Die Übertragung der Protoopalina geschieht hauptsächlich durch Fressen des Kotes infizierter Fische.

Bakterieller Befall des Darmes

Bakterien gehören zur normalen Darmflora. Sie helfen bei der Verdauung der Nahrung. Zudem besitzen mehrere Arten die Fähigkeit, verschiedene Vitamine herzustellen. Hat man ein Präparat von frisch abgesetztem Kot hergestellt und betrachtet dieses bei etwa 200facher Vergrößerung, so sollte, wenn der Fisch gesund ist, keine Bewegung zu sehen sein. Das trifft aber wirklich nur auf Kot zu, der Sekunden nach dem Ausscheiden abgenommen und präpariert wurde (siehe S. 29). Bei über 400facher Vergrößerung können dann viele winzige bewegungslose Bakterien gefunden werden. Auch wenn vereinzelte bewegliche Bakterien durch das Bildfeld huschen, ist das nicht als bedenklich anzusehen. Nur wenn viele sich schnell bewegende Bakterien zu sehen sind, kann auf eine Infektion des Darmes geschlossen werden. Äußerst bedenklich sind Spirillen. Diese schraubenförmigen Bakterien kommen normalerweise nicht im Darm der Fische vor. Auch die bewegungslosen Corynebakterien, die an einer Verdickung am einen Ende zu erkennen sind, sind als schädlich einzustufen. Kann man bei einem Fisch diese Bakterien nachweisen, so ist er sofort in Quarantäne zu setzen und weiter zu beobachten.

Ähnlich wie bei Flagellatenbefall äußert sich eine bakterielle Infektion des Darmes nicht sofort. Erst bei starkem Befall zeigt der Fisch ein Unwohlsein durch zeitweiliges Dunkelfärben und Appetitlosigkeit an. Auch kann weißer, schleimiger Kot abgegeben werden. Eine Erhöhung der Temperatur um drei, bei Diskusfischen um fünf Grad kann erfolgreich sein. Die orale Gabe von Chloramphenicol oder Neomycinsulfat hat sich in manchen Fällen als erfolgreich erwiesen. Dies kann über das Futter geschehen, wenn die Fische noch Nahrung aufnehmen, oder durch Zwangsapplikation (S. 55).

Zysten in der Darmwand

Sehr häufig kann man bei der Sektion von Diskusfischen und anderen Cichliden in der Darmwand Zysten finden. Sie sind harmloser Natur, wenn die Ursache harte Nahrungsteile waren, die sich in die Darmwand eingestochen haben und dort vom Organismus abgekapselt wurden. Das ist regelmäßig bei Diskusfischen zu beobachten, die mit Cyclops gefüttert wurden. Die harten Schwanzborsten der Futtertiere stechen sich in die Darmwand ein. Nun bildet der Organismus Gewebe um die Fremdkörper herum und kapselt sie auf diese Art und Weise ab (Bild Nr. 121). Auch Bakterienherde werden so behandelt. Darum ist es keine Seltenheit, alte Tuberkulose-Granulome in der Darmwand zu finden. Da im Inneren von Granulomen die Errreger nach einiger Zeit absterben, kann man häufig die Ursache, die zur Bildung solcher Zysten geführt hat, nicht mehr feststellen.

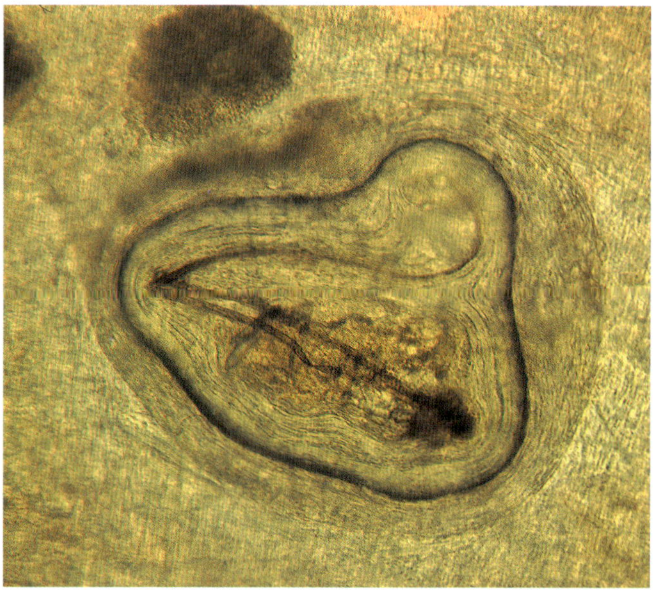

Bild Nr. 121: In Zysten eingeschlossene Fremdkörper in der Darmwand eines Diskus.
Mikroskop Vergr.: 160×, Abb. Vergr.: 120×

Entzündungen

Entzündungen erkennt man daran, daß an der Darmwand gerötete Stellen auftreten. Diese können im Extremfall sogar mit Blutungen im Gewebe verbunden sein (Bild Nr. 122). Als mögliche Ursache kommen falsche Ernährung oder eine Fütterung von tiefgefrorenem Futter in Frage, das in noch gefrorenem Zustand von den Fischen gierig verschlungen wurde. Die häufigste Ursache von Entzündungen im Magen-Darm-Trakt ist jedoch Streß und diesem folgend die Infektion durch verschiedene Errreger. Aber auch manche Viren-, Bakterienarten und Flagellaten können bei starkem Befall Entzündungen auslösen. Ohne entsprechende mikrobiologische Ausrüstung und Kenntnisse sind die Bakterien jedoch nicht zu klassifizieren. Es ist auch nicht sinnvoll, hier auf die verschiedenen Arten von Entzündungen einzugehen, weil diese ebenfalls nicht vom Laien erkannt werden können. Wird die Ursache nicht beseitigt, verstärkt sich die Entzündung, bis der Darm an dieser Stelle seine Bewegungen einstellt und der Nahrungsbrei stockt. Sehr empfindlich ist in dieser Hinsicht der dem Magen folgende Darmabschnitt.

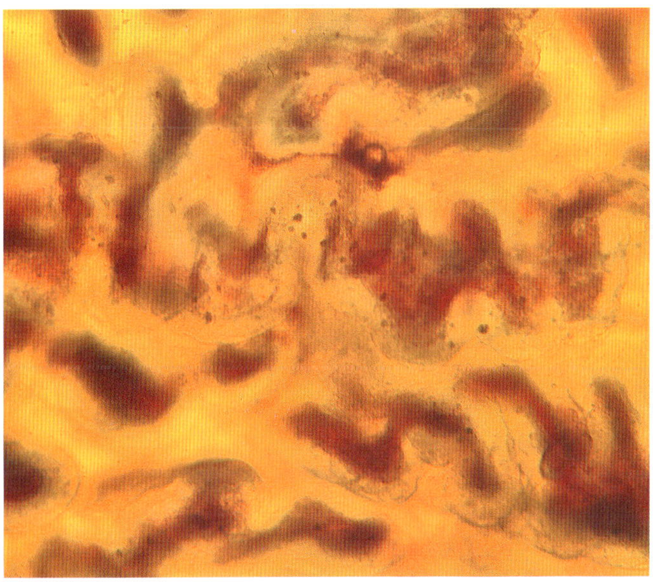

Bild Nr. 122: Blutungen in der Darmwand.
Mikroskop Vergr.: 63×, Abb. Vergr.: 70×

Da Entzündungen im Inneren des Fisches nur nach einer Sektion festgestellt werden können, kommt für den betroffenen Fisch jede Behandlung zu spät. Vermutet man bei einem Fisch eine Entzündung des Darmes, so kann man die Wassertemperatur um 3 °C erhöhen. Das stärkt die Abwehrkraft der Fische, weil sich durch die erhöhte Temperatur die Produktion von Abwehrzellen und Antikörpern um das Mehrfache steigert. Bringt die Temperaturerhöhung keine Besserung, kann die orale Gabe von Chloramphenicol oder Neomycinsulfat (siehe ab S. 49). erfolgreich sein.

Darmverschluß

Ein Darmverschluß kann die unterschiedlichsten Ursachen haben. So kann er durch die Würmer der Ordnung Oxyurida hervorgerufen werden oder die Folge einer Entzündung sein. Die häufigste Ursache ist jedoch eine völlig einseitige Ernährung mit leicht verdaulichem Futter, das keine oder zu wenig Ballaststoffe in Form von Kohlenhydraten enthält. In diesem Zusammenhang wurden schon Darmverschlüsse bei ausschließlicher Fütterung von geschabtem Rinderherz festgestellt (Bild Nr. 123). Ein Darmverschluß ist äußerlich leicht mit Bauchwassersucht zu verwechseln. Bei Bauchwassersucht nehmen die Fische im fortgeschrittenen Stadium keine Nahrung mehr auf und zeigen auch noch andere charakteristische Merkmale. Im Falle eines Darmverschlusses fressen zumindest Diskusfische ungezügelt weiter, bis die Darmwand reißt und sich der unverdaute und zersetzende Darminhalt in die Leibeshöhle ergießt.

Die Fische sterben dann sehr schnell unter starken Vergiftungsanzeichen. Die gesunde und vollwertige Ernährung ist eine wirkungsvolle und vorbeugende Maßnahme gegen Darmverschluß. Eine Behandlung hat, wenn der Bauch schon stark aufgetrieben ist, keine Aussicht auf Erfolg. Im Anfangstadium kann durch orale Verabreichung von Abführmitteln in Verbindung mit einer Temperaturerhöhung manchmal ein Abgang der gestockten Nahrung erzielt werden. Danach muß man mindestens zwei Wochen lang sehr ballaststoffreiche Nahrung geben.

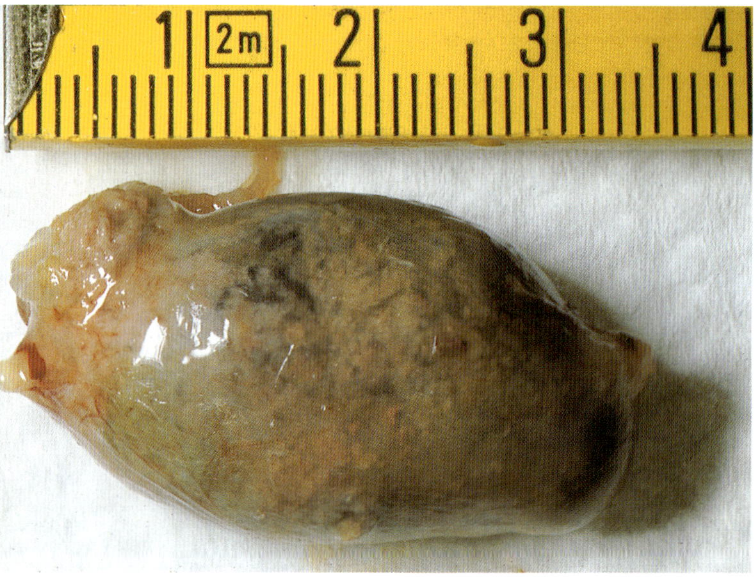

Bild Nr. 123: Prall mit sich zersetzender Nahrung gefüllter Magen bei einem Darmverschluß.

Erkrankungen der Schwimmblase

Die Schwimmblase ist eine mit Gas gefüllte Blase aus dünner Haut, die hauptsächlich für den Auftrieb des Fisches sorgt. Bei den hochentwickelten Buntbarschen hat die Schwimmblase keinen Verbindungsgang zum Darm. Für so gebaute Fische, die in geringen Wassertiefen leben, ist die Regulation des Schwimmblasenvolumens ein Problem. Sie müssen, um von der Oberfläche in 10 m Tiefe zu gelangen, das Volumen um die Hälfte reduzieren. Diese Leistung vollbringen die Knochenfische, zu denen die Diskusfische und alle anderen Cichliden gehören, durch ein kompliziertes Gasaustauschsystem zwischen Schwimmblase und Blutkreislauf. Es hat den Nachteil, daß es sehr träge reagiert. Weiterhin folgt daraus im umgekehrten Falle, daß eine nur minimale Veränderung des Schwimmblasenvolumens bei gleichbleibendem Wasserdruck zu einer gravierenden Veränderung des Auftriebes führt. Befindet sich zu viel Gas in der Schwimmblase, werden die Fische kopflastig (Bild Nr. 124). Man spricht von Kopfstehern, wie das bei Diskusfischen bekannt geworden ist. Hat die Schwimmblase etwas zuwenig Gas, liegen die Fische flach auf dem Boden des Aquariums und können sich nur durch aktive Flossenbewegung schwimmend halten (Bild Nr. 125). Eine Veränderung des Gasvolumens der Schwimmblase ist die Folge von Entzündungen im Bereich des Ovals. Bei allen Fischen der Ordungen Perciformes, zu denen die Cichliden gehören und Gadiiformes (dorschartige Fische) trifft die folgende Beschreibung des Baus der Schwimmblase zu. Zur Ordnung Perciformes, der barschartigen Fische, gehören 6000 Arten in 150 Familien. Sie ist entwicklungsgeschichtlich gesehen die jüngste Fischgruppe und am höchsten entwickelt. Hierzu zählen alle Cichliden, die Riffbarsche, die Schleimfische, die Grundeln und die Labyrinthfische.

Die Schwimmblase besteht aus einer dünnen Haut, die innen mit einer Schicht aus Guaninkristallen ausgekleidet ist. Diese verleiht ihr ein silbriges

Bild Nr. 124: *Kopfsteher aufgrund einer Entzündung der Schwimmblase am Oval.*

Bild Nr. 125: Wenn die Fische kraftlos am Boden liegen, kann das durch eine Entzündung der Schwimmblase am Oval verursacht werden.

Aussehen und reduziert die Gasdurchlässigkeit um das Hundertfache, ohne die Elastizität zu verringern.

Das Auffüllen der Schwimmblase erfolgt durch ein rückenseitig gelegenes Netz aus Blutkapillaren, aus dem Gas in das Innere der Schwimmblase diffundiert. Das Organ wird Wundernetz genannt. Die Abgabe von Gas aus der Schwimmblase an den Blutkreislauf erfolgt im Bereich des Ovals (Bone, 1985). Es befindet sich an der bauchseitigen Schwimmblasenwand. Man muß sich diesen Bereich doppelwandig vorstellen, wobei die außerhalb gelegene zweite Wand mit Blutkapillaren durchzogen ist, die das Gas abführen. In der inneren Schwimmblasenwand befindet sich eine winzige Öffnung, die durch einen Schließmuskel verschlossen ist. Soll Gas abgelassen werden, öffnet sich der Schließmuskel und das Gas strömt zwischen die doppelte Wand des Ovals. Dort diffundiert es in die Kapillaren, wird vom Blut aufgenommen, zu den Kiemen transportiert und dort an das Wasser abgegeben. Eine Entzündung schlägt sich meistens in diesem Bereich der Schwimmblase nieder. Die sonst weißlich silbrig schimmernde Haut ist blutig rot verfärbt. Manchmal beginnt diese Entzündung als kleiner Fleck und breitet sich langsam über Monate aus. Akut wird es erst, wenn die Entzündung die Funktion des Schließmuskels beeinträchtigt (Bild Nr. 126). Dieser kann sich nicht mehr öffnen oder vollständig schließen, so daß die Schwimmblase zuviel oder zuwenig Gas enthält. Folglich werden die Fische zu Kopfstehern oder liegen flach am Boden. Das abnormale Verhalten kann ganz plötzlich durch eine extreme Temperaturerhöhung ausgelöst werden, wenn die Entzündung schon latent vorhanden war. Eine Behandlung mit Medikamenten ist in vielen Fällen nicht erfolgreich gewesen. Mehrmals konnten aber flach am Boden liegende Diskusfische mit Cotrimstada® forte dauerhaft geheilt werden (siehe S. 48). Bei kopfstehenden Diskusfischen hat das

Medikament nur im Anfangsstadium Erfolg gehabt, wenn es innerhalb von drei bis fünf Tagen nach dem ersten Auftreten angewendet wurde.

Bei extremen Schwimmblasenentzündungen kommt es zu Blut- und Eiterabsonderung in das Innere der Schwimmblase. Massive bakterielle Infektionen sind die Ursache. Meist sind nur Einzeltiere betroffen, eine Übertragung auf die anderen Fische ist nur selten beobachtet worden. Man kann die restlichen Tiere mit Aquafuran vorbeugend behandeln. Nicht so hoch entwickelte Fische mit offenen Verbindungen zwischen Schwimmblase und Darm sind davon häufiger betroffen. Bei Wildfängen südamerikanischer Cichliden wurden schon Sporozoenzysten in der Schwimmblasenwand gefunden, durch die Eiterungen ausgelöst wurden. Sie sind als stecknadelkopfgroße helle Einschlüsse in der Schwimmblasenwand zu erkennen. Eine Behandlung von Sporozoenerkrankungen ist bei Fischen derzeit noch nicht möglich.

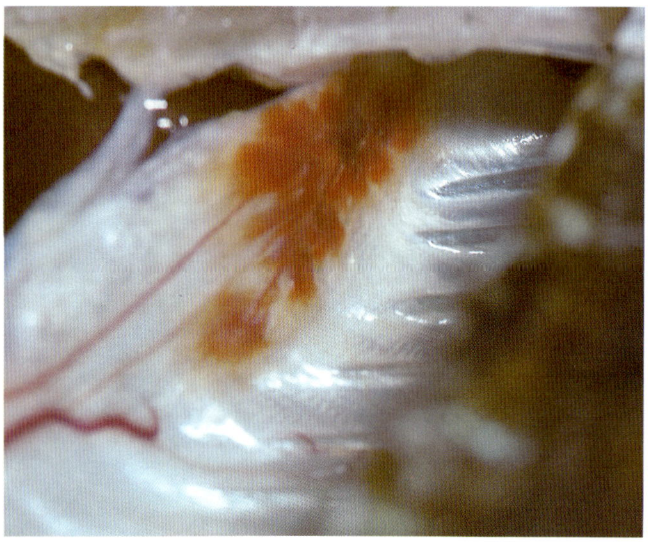

Bild Nr. 126: Schwimmblasenentzündung im Bereich des Ovals.

Erkrankungen der Niere

Die Niere befindet sich über der Schwimmblase direkt unter der Wirbelsäule. Hat man die Haut der Schwimmblase entfernt, kann man sie als schmales, rotes Band erkennen. Bei manchen Cichlidenarten ist sie mit einer silbrig schimmernden Haut bedeckt (Bild Nr. 127). Der vordere Teil wird Kopfniere genannt. In der Kopfniere wird der größte Teil des Blutes gebildet. Darum kann man die verschiedenen Entwicklungsstufen der Blutzellen in ihr finden. Hauptsächlich ist die Niere ein Ausscheidungsorgan. Wie Leber und Milz ist sie stark durchblutet. Das Gewebe besteht aus den Nierenkanälchen und einem Füll- oder Zwischengewebe. Selbst mit einer spitzen Pinzette sind bei vielen Arten nur schwer Proben zu entnehmen, da das Nierengewebe fest zwischen den Wirbelauswüchsen eingebettet ist. Zur Untersuchung zupft man mit einer spitzen Pinzette Stücke des Organs ab und überträgt sie in einen Tropfen phys. Kochsalzlösung auf einem Objektträger. Die Nierenkanälchen kann man bei 200facher Vergrößerung gut erkennen. Sie beginnen mit einer Verdickung, in der sich ein Knäuel von Blutgefäßen befindet. Dort wird der Harn abgeschieden und von den Nierenkanälchen zu den Harnkanälchen und von da in den Harnleiter abgeleitet. Mitunter kristallisieren im Harn gelöste Substanzen in den Kanälchen aus, die dann abgekapselt werden. Man kann die Ablagerungen mitunter in großer Zahl in den Zupfpräparaten finden (Bild Nr. 128). Die Ursache ist häufig in einer zu reichlichen Gabe von Vitamin D zu suchen (S. 70, Band I). Aber auch manche Medikamente der Humanmedizin führen zu solchen Ablagerungen. Darum ist es wichtig, die Beipackzettel genau zu lesen.

Auch in der Niere treten bei verschiedenen Krankheiten Veränderungen auf. So können sich bei einem Befall durch Tuberkulose Granulome bilden. Wie in

Bild Nr. 127: Bei den Cichliden ist die Niere ein schmales Band zwischen Schwimmblase und Wirbelsäule. Hier ist sie von einer silbern schimmernden Haut verdeckt.

Milz und Leber können auch in der Niere Makrophagenkonglomerate auftreten. Diese können braun bis schwarzbraun gefärbt sein. Äußerlich an der Nierenoberfläche sichtbare, weiße Knötchen werden durch Bakterienbefall oder Ichthyophonus hervorgerufen.

Bakterien in der Niere können mit Aquafuran oder Nitrofurantoin (S. 48) behandelt werden.

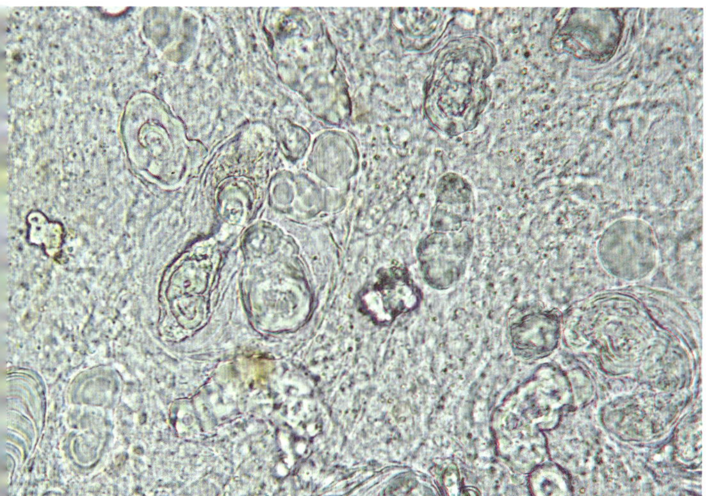

Bild Nr. 128: Ablagerungen in den Nierenkanälchen. Mikroskop Vergr.: 400×, Abb. Vergr.: 440×

Diskusfische nehmen mit der Nahrung auch Nematodeneier und -larven vom Boden auf.

Erkrankungen des Blutes

Das Blut versorgt den Körper mit Nährstoffen und Sauerstoff und transportiert die Abfallstoffe ab. Es ist ein kompliziert aufgebautes Organ, das aus verschiedenen Zelltypen besteht, die in der flüssigen Komponente, dem Blutplasma, schwimmen. Das Blut ist bei Virusinfektionen und bakteriellen Erkrankungen immer mitbetroffen. Die Veränderungen sind jedoch für den Mikroskopiker nur dann feststellbar, wenn sie sehr gravierend sind. Veränderungen im Verhältnis der Blutkörperchen zueinander, wie man sie in der Human- und Veterinärmedizin zur Diagnose heranzieht, können nur von Personen mit entsprechendem Fachwissen und Laborausrüstung durchgeführt werden. Der mikroskopierende Aquarianer kann im Blut Flagellaten und Bakterien feststellen, wenn ein hochauflösendes Mikroskop zur Verfügung steht. Die roten Blutkörperchen der Fische besitzen im Gegensatz zu denen der Säugetiere Zellkerne (Bild Nr. 129). Das ist besonders gut zu sehen, wenn man einen Tropfen frisches mit phys. Kochsalzlösung (0,64 % bei Fischen, 0,9 % bei Säugern) versetztes Blut auf dem Objektträger mit einem kleinen Tropfen Methylenblaulösung nach Löffler, die 1:10 mit Wasser verdünnt wurde, vermischt und mit einem Deckglas abdeckt. Man kann bei 300- bis 500facher Vergrößerung beobachten, wie sich die roten Blutkörperchen anfärben und die Zellkerne deutlich hervortreten.

Bild Nr. 129: Blutausstrich; die Zellkerne der roten Blutkörperchen sind erkennbar. Gefärbt mit verdünnter Methylenblaulösung.
Mikroskop Vergr.: 400×, Abb. Vergr.: 400×

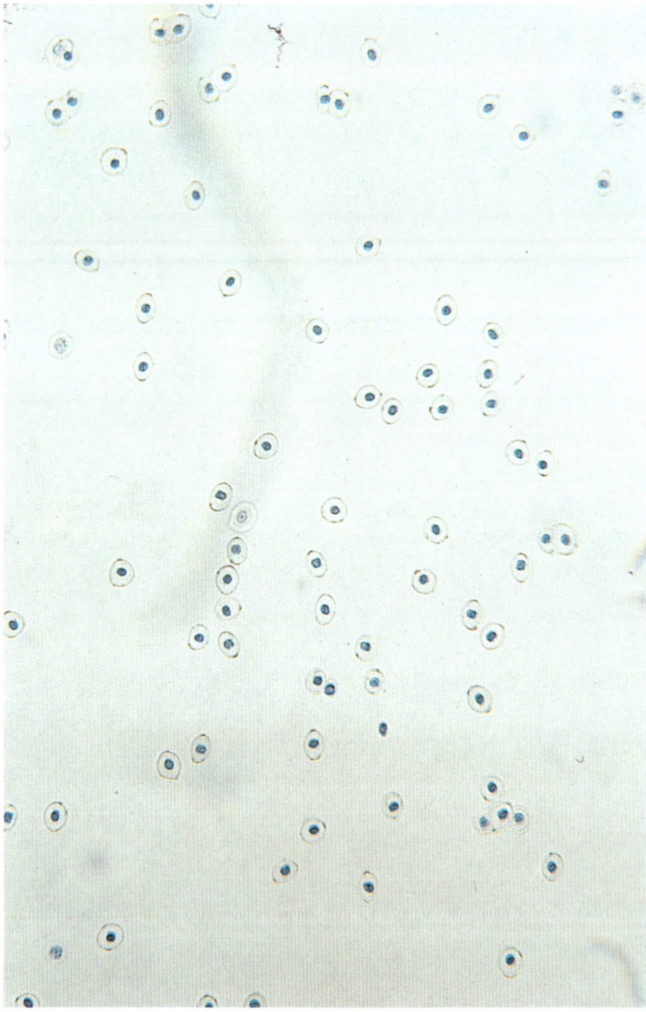

Für die normale Untersuchung stellt man ein Präparat, wie gerade beschrieben, jedoch ohne Farbstoff her. Das Blut gewinnt man, indem man einem frisch gestorbenen Fisch mit einem schnellen Schnitt einen Kiemenbogen oder den Schwanz an der Wurzel abtrennt und das austretende Blut auf einem sauberen Objektträger auffängt. Besser ist es, den Objektträger vorher vorzubereiten. Man gibt einen Tropfen physiologische Kochsalzlösung darauf, den man mit dem Blutstropfen vermischt. Die Kochsalzlösung stellt man sich selbst her, indem man 6,4 g Kochsalz in einem Liter destilliertem Wasser auflöst. Bei 100- bis 200facher Vergrößerung können Flagellaten erkannt werden. Die Behandlung erfolgt wie bei Darmflagellaten mit Metronidazol oder Chininhydrochlorid (S. 71). Der Erfolg ist unsicher.

Bakterien sieht man mit Hellfeldbeleuchtung erst bei 400- bis 800facher Vergrößerung. Man muß sehr genau und konzentriert hinsehen, um auch kleine und schnell bewegliche Bakterien zu erkennen. Durch die Zugabe 1:5 verdünnter Methylenblaulösung nach Löffler können Bakterien im Präparat besser hervorgehoben werden. Man setzt einen Tropfen, der die gleiche Größe hat wie der mit phys. Kochsalzlösung versetzte Blutstropfen, auf einen sauberen, fettfreien Objektträger und vermischt beides schnell mit einer Präpariernadel. Nach Auflegen eines Deckglases wird ab 400facher Vergrößerung mikroskopiert. Hat man Bakterien im Blut gefunden, empfiehlt es sich, die anderen Fische mit Aquafuran oder Nitrofurantoin vorbeugend zu behandeln. Noch stärker wirken Cotrimstada, Tetracyclin oder Chloramphenicol.

Cichlasoma meeki Weibchen

Erkrankungen anderer Organe

Die Geschlechtsorgane liegen an dem oberen Rand der Leibeshöhle, direkt unter der Schwimmblase. Bei vielen Arten sind die Hoden sehr dünn und lang. Gerade wenn männliche Fische seziert werden, besteht die Gefahr, daß man die Hoden verletzt oder zerschneidet. Die Spermien treten aus und schwimmen in der Leibeshöhle umher. Sie sind nachher in den Organpräparaten zu finden und werden von Anfängern leicht für Flagellaten gehalten. Die weiblichen Geschlechtsorgane sind auf Laichverhärtung und Geschwüre zu prüfen. Dazu fertigt man ein Zupfpräparat an und mikroskopiert bei geringer Vergrößerung. Manchmal sind Sporozoenzysten und verkapselte Metacercarien in den Geschlechtsorganen zu finden.

Die Muskulatur der Fische erkrankt erst spät, wenn ursächlich innere Infektionen vorliegen. Bei Tuberkulose und Ichthyophonus sind Granulome in den Zupfpräparaten zu finden. Manchmal bilden sich in der Muskulatur eitrige Geschwüre, die dann nach außen aufbrechen und sich entleeren. Das ist meistens mit Blutungen verbunden. In der Regel sind nur Einzeltiere betroffen, die sofort in ein Quarantänebecken umgesiedelt werden. Zur Diagnose fängt man den Fisch heraus und entnimmt etwas von dem abgestorbenen, flüssigen Material aus dem Inneren des Geschwürs und fertigt ein möglichst dünnes Präparat an. Dieses untersucht man bei 400- bis 800facher Vergrößerung auf Bakterien. Zur Behandlung von offenen Geschwüren kann ein Sulfonamid oder Neomycinsulfat (S. 48 und 54). Verwendung finden.

Auch verkapselte Metacercarienlarven und Sporozoenzysten können in der Muskulatur auftreten. Bei Wildfängen sind oft Metacercarien in der Muskulatur der Flossenbasen verkapselt. Sie sind als millimetergroße schwarze oder graue Einschlüsse von außen zu sehen. Um Zysten zu finden, fertigt man ein Zupfpräparat an. Da sich das Muskelgewebe nur schlecht quetschen läßt, muß es mit den Nadeln sehr fein zerkleinert werden, damit man ein dünnes Präparat erhält. Die Querstreifung der Muskelfasern ist bei 100- bis 200facher Vergrößerung sehr gut erkennbar.

Bild Nr. 130: Quetschpräparat von Gehirnmasse. Mikroskop Vergr.: 160×, Abb. Vergr.: 180×

Das Herz erkrankt nur selten. Bei Ichthyophonus- oder Tuberkulosebefall können weißliche Granulome schon äußerlich mit einer Lupe erkannt werden. Wurm- und Sporozoenzysten sind meist auf die gleiche Art und Weise zu finden. Zur genaueren Untersuchung fertigt man ein Zupfpräparat an und mikroskopiert bei 100facher Vergrößerung.

Das Gehirn wird meist beim Töten des Fisches durchschnitten. Man kann mit einer kleinen Pinzette etwas Material aus dem geöffneten Schädel entnehmen und in einen Tropfen physiologische Kochsalzlösung auf einen Objektträger legen. Dann gibt man ein Deckglas darauf und quetscht durch leichten Druck auf das Deckglas, bis sich eine dünne Schicht ergibt. Bei 100facher Vergrößerung betrachtet, erscheint das Gewebe gleichmäßig und weißlich ohne Struktur. Manchmal sind kleine Blutgefäße und dikkere Nervenbahnen zu erkennen (Bild Nr. 130). Das Gehirn erkrankt nur selten derartig, daß dem mikroskopierenden Aquarianer eine Diagnose möglich wäre. Darum braucht man es nur dann zu untersuchen, wenn an dem Fisch sonst nichts gefunden wurde. So konnten in einem Fall im Gehirn massiv Tuberkulosebakterien nachgewiesen werden, obwohl die Organe der Leibeshöhle völlig frei waren. Die Fische waren zuerst orientierungslos, torkelten und starben schließlich.

Nachwort

Die Zukunft der Diskuszucht

In Anbetracht der Tatsache, daß die Umweltbedingungen immer schlechter werden, sollte man sich doch auch einmal Gedanken um die Zukunft der Diskusfischzucht machen. Ich gehe einmal davon aus, daß die von manchen Naturschutzverbänden und Politikern geplanten Positivlisten nicht zum Gesetz werden und uns das Hobby der Aquaristik erhalten bleibt.

Das größte Problem in der Diskuszucht ist, daß seit vielen Jahren vorwiegend auf Menge, Aussehen, Form und Farbe gezüchtet wurde. Das Brutpflegeverhalten und die Stärke der Abwehrkraft gegen Krankheiten wurden kaum berücksichtigt. Somit schwimmen heute in manchen Aquarien Diskusfische, die zwar prächtig aussehen aber nur noch selten ein natürliches Brutverhalten haben, völlig degeneriert sind und bei einer harmlosen Infektion gleich „umkippen". Völlig überbesetzte Aquarien tragen den Rest dazu bei.

Häufig wird Zufallszüchtern die Schuld gegeben. In Wirklichkeit trifft aber die Schuld die Massenzüchter, die ihre Bruten in „Bausch und Bogen" verkaufen und degenerierte sowie mißgebildete Tiere nicht aussortieren. Nun gelangen solche Zuchten in den Handel und zu anderen Aquarianern, und es wird mit ihnen weitergezüchtet. Folglich wird es immer schwerer, gute Tiere für die Zucht zu erhalten.

Außerdem mangelt es manchen Züchtern an der Liebe zum Tier. Die Fische werden von diesen nur als gewinnbringende Objekte betrachtet und sofort abgetötet, wenn sie nicht regelmäßig eine gewisse Menge an Jungen bringen. Solche Fische werden auch nicht verkauft, weil der Züchter Angst hat, der Käufer könnte damit einige Junge ziehen und ihm durch Nachzucht der Linie Konkurrenz machen. Der stolze Diskus – zur Brutmaschine degradiert? Dies sind mit Sicherheit keine erstrebenswerten Visionen für die Zukunft.

Vielleicht haben alle Züchter einmal mit Zufallszuchten angefangen, und daran ist nicht das geringste auszusetzen. Nur darf der Stolz und die Freude nicht dazu verleiten, grundsätzlich alles großzuziehen, was an Jungen schlüpft. Die strenge Zuchtauswahl muß vor dem finanziellen Gewinn stehen, und den Fischen müssen beste Lebensbedingungen geboten werden. Auch wenn dabei kein Gewinn zu machen ist.

Wie soll es denn nun aber weitergehen mit der Diskuszucht? Vor einiger Zeit bekam ich die Gelegenheit, eine Gruppe erkrankter Jungfische längere Zeit zu beobachten. Die Tiere waren von Kiemenwürmern, Darmflagellaten und Nematoden befallen. Trotz bester Fütterung und Hälterung magerten mehrere Tiere ab, färbten sich dunkel und zeigten immer stärker einschmelzende Flossensäume und Messerrücken. Ein Diskusfisch jedoch wuchs gut, wurde kräftiger, war munter und zeigte wunderbar seine Farben. Obwohl dieser Fisch lange einem extrem hohen Infektionsdruck ausgesetzt war, konnte sich das Tier der Erreger erwehren und sie in und an seinem Körper in einer verträglichen Menge halten. Auf solche Fische wird man in Zukunft achten müssen, denn sie könnten die Grundlage einer Diskuszucht werden, bei der die natürlichen Abwehrkräfte gegen Krankheiten gezielt herausgezüchtet werden. Ein Zuchtstamm, der kaum Medikamente benötigt, weil die Fische gegen viele Krankheiten Abwehrkräfte haben und dessen Tiere weitgehend natürliche Verhaltensweisen, z.B. bei der Fortpflanzung, zeigen. Hier liegt eine Aufgabe vor uns Züchtern, die Sachkenntnis und großes Engagement verlangt und welche die Verbesserung der Zuchtlinien vor den Profit setzt. Eine Aufgabe, die unser Hobby in das nächste Jahrtausend geleitet. Ich wünsche allen Aquarianern, die sich diese Aufgabe stellen, viel Erfolg.

Ihr
Dieter Untergasser

Literaturverzeichnis

und weiterführende Literatur

Amlacher, E.; Taschenbuch der Fischkrankheiten, Gustav Fischer Verlag, Stuttgart, New York 1981

Bassleer, G.; Bildatlas der Fischkrankheiten im Süßwasseraquarium, Verlag J. Neumann-Neudamm, Melsungen, 1983

Bässler, K. H.; Vitamine, Steinkopff Verlag, Darmstadt, 1989

Baumeister, W.; Planktonkunde für jedermann, Franckh'sche Verlagshandlung, Stuttgart, 1972

Baur, W.; Gewässergüte bestimmen und beurteilen, Verlag Paul Parey, Hamburg, Berlin, 1980

Bohl, M.; Zucht und Produktion von Süßwasserfischen, DLG-Verlag, Frankfurt, 1982

Bone, Q. und Marshall, N. B.; Biologie der Fische, Fischer Verlag, Stuttgart, 1985

Bremer, H. und Walter, U.; Der Diskus, ein Lehrstück der Natur; Das Hautsekret der Diskusfische, Diskus-Jahrbuch 1990, Seite 46, bede-Verlag, Kollnburg, 1989

Degen, B.; Erfolg mit Diskusfischen, bede-Verlag, 2. Auflage, Kollnburg, 1988

Degen, B.; Das große deutsche Diskusbuch, bede-Verlag, Kollnburg 1986

Degen, B.; Der Diskus im Gesellschaftsaquarium, Tetra-Verlag, Melle 1988

Dietle, H.; Das Mikroskop in der Schule, Franckh'sche Verlagshandlung, Stuttgart, 1979

Engelhardt, W.; Was lebt im Tümpel, Bach und Weiher; Franckh'sche Verlagshandlung, Stuttgart, 1977

Ernst, A.; Langbein, K.; Weiss, H.; Gift – Grün, Deutscher Taschenbuch Verlag, München, 1986

Geisler, R.; Wasserkunde für die aquaristische Praxis, Alfred Kernen Verlag, Stuttgart, 1964

Geoskop; Kunstdünger zersetzt Vitamine, GEO Nr. 2, S. 145, Hamburg, 1990

Gerlach, D.; Mikroskopieren – ganz einfach, Franckh'sche Verlagshandlung, Stuttgart, 1987

Geyer, H.; Praktische Futterkunde für den Aquarien- und Terrarienfreund, Alfred Kernen Verlag, Stuttgart, 1957

Hausmann, K.; Transportunternehmen Fisch-Fahrgast Trichodina, Aquarienmagazin 1983, S. 374, Franckh'sche Verlagshandlung, Stuttgart

Hausmann, K.; Patterson, D. J.; Taschenatlas der Einzeller, Franckh'sche Verlagshandlung, Stuttgart, 1983

Hiepe. T.; Jungmann, R.; Buchwalder, R.; Lehrbuch der Parasitologie, Band 1 – 4, Gustav Fischer Verlag, Stuttgart, 1981 – 1985

Jahn, J.; Lebendfutter für Aquarien- und Terrarientiere, Philler Verlag, Minden, 1967

Kassebeer, G.; Ein Analytikkursus für Aquarianer, Aquarium heute 1/1986 – 1/1988, Aquadocumenta Verlag GmbH, Bielefeld

Keller, G.; Der Diskus, Franckh'sche Verlagshandlung, Stuttgart, 1988

Klee, O.; Schubert, G. und andere; Kosmos-Handbuch der Aquarienkunde, Franckh'sche Verlagshandlung, Stuttgart, 1977

Krause, H. J.; Handbuch Aquarienwasser, bede-Verlag, Kollnburg 1990

Krauter, D.; Streble, H.; Das Leben im Wassertropfen, Franckh'sche Verlagshandlung, Stuttgart, 1976

Lossow, C.; Werner, H.; Telekolleg Chemie, Band 1 und 2, TR-Verlagsunion, München, 1989

Ludwig, H. W.; Tiere unserer Gewässer, BLV Verlagsgesellschaft mbH, München, 1989

Mayland, H. J.; Diskusfibel, Landbuch-Verlag GmbH, Hannover, 1987

Mayland, H. J.; Diskusfieber, Landbuch-Verlag GmbH, Hannover, 1988

Peters, G.; Streß macht auch Fische krank, Naturwissenschaftliche Rundschau, 41. Jahrgang, Heft 8, Wissensch. Verlagsgesellsch. mbH, Stuttgart, 1988

Reichenbach-Klinke, H. H.; Krankheiten der Aquarienfische, Alfred Kernen Verlag, Stuttgart, 1968

Reichenbach-Klinke, H. H.; Krankheiten und Schädigungen der Fische, Gustav Fischer Verlag, Stuttgart, New York, 1980

Reichenbach-Klinke, H. H.; Ahne, W.; Beiträge zur Fischparasitologie und Fischtoxikologie, Band 1 – 13, Gustav Fischer Verlag, Stuttgart, New York, 1980

Roberts, R. J.; Schlotfeld, H.-J.; Grundlagen der Fischpathologie, Verlag Paul Parey, Berlin, Hamburg, 1985

Schäperclaus, W.; Fischkrankheiten, Band 1 und 2, Akademie-Verlag, Berlin, 1979

Schlegel, H. G.; Allgemeine Mikrobiologie, Georg Thieme Verlag, Stuttgart, New York, 1985

Schlieper, C. A.; Grundfragen der Ernährung, Dr. Felix Büchner Verlag, Stuttgart, 1973

Schmidt, G.; Der kranke Fisch, Albrecht Philler Verlag, Minden, 1982

Schubert, G.; Untergasser, D.; Krankheiten der Fische, Franckh'sche Verlagshandlung, Stuttgart 1991

Schuster, G.; Vorsicht Trinkwasser, Stern Jahrg. 42, Nr. 11, Seite 20, Gruner + Jahr AG & Co., Hamburg, 1989

Schwoerbel, J.; Methoden der Hydrobiologie, Süßwasserbiologie, Gustav Fischer Verlag, Stuttgart, New York, 1980

Senser, F.; Scherz, H.; Der kleine »Souci · Fachmann · Kraut«, Wissenschaftliche Verlagsgesellschaft mbH, Stuttgart, 1987

Strubelt, O.; Gifte in unserer Umwelt, Deutsche Verlags-Anstalt GmbH, Stuttgart, 1989

Teufel, R.; Würmer am laufenden Band – die Bandwürmer, Datz 11/1988, Eugen Ulmer Verlag, Stuttgart

Teufel, R.; Neues vom Bandwurm, Datz 7/1990, Eugen Ulmer Verlag, Stuttgart

Untergasser, D.; Der Diskusparasit – ein Riesenflagellat, Mikrokosmos, 1987, S. 134, Franckh'sche Verlagshandlung, Stuttgart

Untergasser, D.; Milben im Aquarium, Das Aquarium 1985, Seite 354, Philler Verlag, Minden

Untergasser, D.; Eile tut not, Aquarien-Magazin, 1986, S 123, Franckh'sche Verlagshandlung, Stuttgart

Untergasser, D.; Die Magersucht der Diskusfische, Diskus-Jahrbuch 87/88, S. 68, bede-Verlag, Kollnburg, 1987

Untergasser, D.; Die neue Diskuskrankheit, Diskus-Jahrbuch 87/88, S. 78, bede-Verlag, Kollnburg, 1987

Untergasser, D.; Kiemen- und Hautwürmer in der Fischzucht, Diskus-Jahrbuch 89, S. 66, bede-Verlag, Kollnburg, 1989

Untergasser, D.; Der Diskus-Madenwurm – ein neuer Nematode des Darmes, Diskus-Jahrbuch 89, S. 72, bede-Verlag, Kollnburg, 1989

Untergasser, D.; Sichere Bekämpfung von Kiemen- und Hautwürmern, Diskus-Jahrbuch 89, S. 75, bede-Verlag, Kollnburg, 1989

Untergasser, D.; Schwimmblasenerkrankungen bei Dikskusfischen, Diskus-Jahrbuch 90, S. 89, bede-Verlag, Kollnburg, 1990

Untergasser, D.; Neue Erkenntnisse zu Flubenol 5 %, Diskus-Jahrbuch 90, S. 85, bede-Verlag, Kollnburg, 1990

Untergasser, D.; Krankheiten der Aquarienfische, Diagnose und Behandlung, Franckh'sche Verlagshandlung, Stuttgart, 1989

Wedemeyer, G. A.; The role of stress in the disease resistance of fishes, Am. Fish. Soc. Spec. Publ 5, 1970 Seite 30 – 35.

Wesenberg-Lund, C.; Biologie der Süßwassertiere, Julius Springer Verlag, Wien, 1939 Nachdruck von den Verlagen J. Cramer, Braunschweig und O. Koeltz, Königstein, 1982

Wesenberg-Lund, C.; Biologie der Süßwasserinsekten, Springer Verlag, Berlin, Wien, 1943 Nachdruck von den Verlagen J. Cramer, Braunschweig und O. Koeltz, Königstein, 1980

Wilkerling, K.; Die Aquarienfibel, Franckh'sche Verlagshandlung, Stuttgart, 1988

Von Skalaren gibt es verschiedene Varianten und zahlreiche Zuchtformen. In Asien werden Skalare in großen Mengen nachgezüchtet.

Bezugsquellen

Farbstoffe für die Mikroskopie, hochwertige Markenmikroskope, Mikroskopkopierzubehör, Labormaterial, Videofilme und Fachliteratur sind bei der Fa. Bio-Media, Postfach 32 05, 64713 Michelstadt, erhältlich.

Viele Aquarianer besitzen ein Mikroskop, können es aber nicht richtig einsetzen, weil sie nicht gelernt haben, wie man gute Präparate herstellt. Der Videofilm „Der Aquarianer und sein Mikroskop" zeigt Ihnen auf einfache Art und Weise, wie ein Mikroskop richtig eingesetzt wird und wie Sie Proben aus dem Aquarium untersuchen können. Das Drehbuch schrieb Diplombiologin Andrea Nothdurft (VHS, etwa 45 Minuten, 49,– DM).

Häufig stellt sich dem mikroskopierenden Aquarianer das Problem, daß er Mikroorganismen nicht eindeutig einordnen kann. Insbesondere einzellige Parasiten der Fische erscheinen im Mikroskop häufig nicht in der gleichen Gestalt, wie sie auf den Fotografien in der Fachliteratur abgebildet sind. Kurzum, man muß die Erreger erst einmal lebend gesehen haben, um sie sicher bestimmen zu können. Diese Möglichkeit ist Ihnen nun erstmals durch den Videofilm Krankheiten der Aquarienfische, Teil 1, „Die Diagnose am lebenden Fisch", gegeben. Viele der in diesem und anderen Büchern abgebildeten Erreger werden im lebenden Zustand in verschiedenen Vergrößerungen gezeigt. Somit können auch Sie die Parasiten in Ihrem Mikroskop wiedererkennen und eine Diagnose stellen. Das Drehbuch wurde von Dieter Untergasser verfaßt (VHS, etwa 40 Minuten, 49,– DM).

Für die intensive Weiterbildung wurden Tagesseminare eingerichtet. Das Seminar „Mikroskopie für Aquarianer" ist auf die Bedürfnisse des Aquarianers abgestimmt. Es vermittelt im individuellen Rahmen den selbständigen Umgang mit dem Mikroskop, sowie die Kriterien zur Anschaffung eines Mikroskops. Die Teilnehmer erhalten einen tiefen Einblick in die faszinierende vielfältige Welt der Mikroorganismen. Es werden keine Kenntnisse vorausgesetzt.

Im Seminar „Fischkrankheiten" werden die Grundlagen der Ichthyopathologie und Fischanatomie sowie die Untersuchung von Fischen bis zur Diagnosestellung behandelt. Der sichere Umgang mit dem Mikroskop wird dafür vorausgesetzt.

Für Teilnehmer, die kein eigenes Mikroskop besitzen, stehen firmeneigene Mikroskope zur Verfügung. Die Referenten in beiden Seminaren sind Andrea Nothdurft und Dieter Untergasser.

Weitere Informationen, Seminaranmeldungen und die Filme sind bei der Firma Bio-Media, Postfach 32 05, D-64713 Michelstadt, erhältlich.

Stichwortverzeichnis

Faszination Aquarium

In Zusammenarbeit mit dem japanischen Aquarienmagazin ist es gelungen, jetzt auch Top-Einrichtungsvorschläge für Sie in einem faszinierendem Buch zusammenzustellen. Beispielhafte Aquarien in selten schönen Farbfotos der besten japanischen Profifotografen und zahlreiche Einrichtungstips machen dieses Buch zu einer überragenden Erscheinung auf dem Aquarienbuchmarkt.

→ Schrittweise Einführung in den Aufbau eines Aquariums
→ 21 exclusive Einrichtungsvorschläge der verschiedensten Aquarientypen
→ Biotopgerechte Bepflanzung für jedes Aquarium
→ Aquarientechnik verständlich gemacht
→ 175 Farbfotos von Profifotografen, die Sie begeistern werden

Mit diesem Buch gelingt Ihnen der Aufbau eines perfekten Schauaquariums für Ihr Wohnzimmer.

ISBN 3-927997-05-6

Faszination Welse

„Faszination Welse", ein Buch der Superlative, das Sie überzeugen wird. Von Meisterfotografen werden 627 Farbfotos angeboten, die einfach begeisternd sind. Gegliedert nach Erdteilen und Familien erfahren Sie auch neueste Informationen über Neueinführungen.

160 Seiten, im bede-Großformat.

ISBN 3-927997-06-4